大迫力！

異界の

大迫力！

超市伝説

大百科

朝里 樹 監修

西東社

都市伝説の
世界へようこそ

これから紹介するのは
おそろしい怪人や、不思議な現象・事件など、
現代で噂される、さまざまな都市伝説だ。

はたして、これらの都市伝説は本当だろうか？
じつのところ、都市伝説の多くは出どころが不明で
まったくの嘘というケースは少なくない。

しかし、たとえそれが嘘だとしても
人から人へ、噂が大きく広がっていくのは
きっとそこに、人が信じたくなるような"何か"があるからだ。
もちろん、なかには本当に起こった話だってある。

本当か嘘か。嘘だとしても、その奥にひそむ影は何か。

「怖い」だけではない、都市伝説の世界へようこそ——

もくじ

1章 不穏ナペヒカイ

| 4章 | 消エユク時間 | 169 |

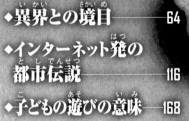

本の見方

調査レポート
都市伝説の豆知識や、補足情報を紹介している。

解説
都市伝説の特徴や噂話などを紹介している。

都市伝説の名前

都市伝説の絵
都市伝説の代表的なすがたが描かれている。

分類
怪人、怪物、霊魂、現象の4種類で分類している。

 怪人　 怪物　 霊魂　 現象

データ

危険度	都市伝説の危険度を3つの★であらわしている。★が多いほど危険。★がゼロのときもある。	国・地域	怪人や怪物がおもにあらわれる国や地域。
		時代	都市伝説が噂された年代。
場所	家、街中、公園など、怪人や怪物があらわれるおもな場所。	特徴	怪人や怪物のすがたや能力、人間に対して何をするのか。

1章

不穏ナ
セカイ

怪異がひそむのは、人間の常識が通用しないおそろしい世界。ふだんは見えない場所にかくれているが、夜になると動き出し、闇からはい出てくる。もし異界の住人に気づかれたら、あっという間に闇の世界に飲みこまれてしまうだろう。

身のこなしが軽い背の高い女の怪人

アクロバティックサラサラ

福島県で目撃される、赤い帽子と服を身につけた怪人。長くサラサラとした黒髪の女性で目は真っ黒。背は異様に高く2mから4mとされるが、身のこなしは非常に軽い。

アクロバティックサラサラは街中にあらわれ、壁にしがみついたり高い屋根の上に立っていたりする。また、電車や車の前に飛び出して消えたり、屋上から飛んで地面すれすれで消えたりするところも目撃されている。人に直接危害を加えることもあるし、遭遇しただけでも非常におどろき、電車や車の運転手は気が動転して事故をおこしかねない。

彼女の正体は、かつてビルから飛びおりて衣服が血で真っ赤にそまった女性、という噂があるが、なぜ怪人化したのかなど不明な点が多い。

調査レポート

アクロバティックサラサラが福島県で目撃されはじめたのは2008年ごろから。彼女と似た特徴をもつ「八尺様」という怪人も、同じ時期に目撃されはじめている。両者には何か関係があるのか。

データ

危険度	★★★	場所	街中
国・地域	日本・福島県	時代	現代
怪人	特徴	赤い帽子と服を身につけた背が高い女性のすがたで、非常に身のこなしが軽い。	

まるまる様

気に入った人におくりものをする山の神様

　日本のどこの山にもいる「まるまる様」とよばれる山の神様のような存在。まるまる様は気に入った人の前にあらわれ、その人がほしいものをさずけてくれる良い存在だ。体が大きく、体中にこけが生えているが、見えるすがたは人それぞれだという。

　目撃情報によると、小学校高学年の男の子が山でワラビを採っていたら、まるまる様があらわれたそうだ。男の子は、山奥の川のそばで平たい岩に置いてあるたくさんのワラビを見つけた。その直後、大きな動物のすがたをしたまるまる様が男の子の前にあらわれ、「ワラビを持っていけ」というしぐさを見せたという。だが、男の子はこわくなり、すぐににげてしまったそうだ。

データ		
危険度 ★★★	場所	山
国・地域 日本	時代	現代
怪物	特徴	体中にこけが生えた大きな体をもつ。山で、気に入った人にのぞんだものをさずける。

『まるまる様』

本当の名前は別にある

　まるまる様を目撃した男の子は、自分がまるまる様に出会ったことを祖母に報告したという。すると、祖母は「まるまる様が目をかけてくれたんだね」と言ったそうだ。このように地元の人に、まるまる様とよばれているものの、じつはまるまる様の本当の名前は別にあるといわれている。

　昔から名前というものには力があると信じられており、名前をよぶだけで相手から力をうばうという考えがあったという。そのため、本当の名前を言ってはならない存在として「○○（まるまる）様」とよばれている。

↑日本の山にはどこでもまるまる様はいるらしい。

名前を言ってはいけない存在

まるまる様を本当の名前でよんではいけないように、昔から日本では、神様や身分の高い人などの名前を簡単に口にしてはいけないという風習がある。また、人が亡くなったあと、その人の本名は「諱（忌み名）」といって口にするのはよくないこととされ、代わりにつけられた名前でよんでいた。これはもともと、中国から伝わった風習だという。

さらに、名前をよぶという行為には「相手の正体を見やぶる」という

➡魔物の正体を見やぶる「照魔鏡」という道具もある。

意味もある。そこで、妖怪や悪鬼などの悪いものを追いはらうには、名前を正しくよぶ方法がある。妖怪や悪鬼は正体がばれたことをおそれ、にげていくそうだ。

まるまる様の本当の名前は?

では、まるまる様の本当の名前はなんなのだろうか？　目撃した男の子の祖母は、それを知っていたが声では伝えず、地面に名前を書いて教えてくれたそうだ。

その名前はカタカナで書かれていたが、男の子はなぜか発音することができなかったという。

ロンドンにあらわれた連続殺人鬼

切り裂きジャック

　19世紀のロンドンにあらわれ、人々をおそれさせた連続殺人鬼。殺された人々は全員女性で、するどい刃物で体を切り裂かれていたという共通点があった。そのため殺人鬼は「切り裂きジャック」とよばれるようになる。新聞にものり、被害者が出るたびに世間をさわがせた。

　ジャックは、事件を起こす前に警察に殺人を予告する挑戦状を送りつけたりもしたが、つかまえることはできないまま5人が殺されてしまう。犯人の正体は医者や貴族などさまざまな説があるが、どれも証拠はなく、現在にいたるまで未解決のままだ。今でも有名な伝説の殺人鬼であり、小説や映画の登場人物のモデルにされることも多い。

調査レポート

　切り裂きジャックの「ジャック」とは、犯人の名前ではない。日本では名前のわからない人を仮の名前で「太郎」「名なしの権兵衛」などとよぶが、英語圏では「ジャック」「ジョン・ドゥ」とよぶ。

データ

危険度	★★★	場所	ロンドン
国・地域	イギリス	時代	19世紀
怪人	特徴	ロンドンの街で起きた連続殺人事件の犯人。いまだに正体は明らかになっていない。	

何もないところから
あらわれた怪人

東京の渋谷にあらわれた怪人にまつわる都市伝説。

2019年9月、渋谷区の道玄坂に設置されたライブカメラが、奇妙な人間をとらえた。道路のわきにある標識のそばから、とつぜん男性があらわれたのだ。男性があらわれるまで標識のそばにはだれもおらず、男性は異次元からテレポートしてきたかのように見えた。そのまま男性はだれにも気づかれることなく、人ごみにまぎれて消えていった。

この映像はSNSに投稿され、大きな話題となった。男性の正体をめぐっては、タイムトラベラー、魔法使い、異星人などさまざまな意見があるが、何者かは不明なままだ。人類の敵でないことを祈るばかりだ。

調査レポート

一瞬で長距離移動することができる超能力を「瞬間移動」という。渋谷にあらわれた怪人は、異次元から一瞬であらわれたように見えることから、瞬間移動の能力者だった可能性もある。

20

データ

危険度 ★★★		場所 渋谷の道玄坂
国・地域 日本・東京都		時代 現代
怪人	特徴	渋谷の道玄坂にある道路標識のそばからとつぜんあらわれ、人ごみの中へ消えていった人。

データ

危険度	★★★	場所	高速道路
国・地域	日本	時代	現代
特徴			

怪人

ガングロ女子高生のすがたをしている。高速
道路を走りまわり、運転手を殺す。

22

とし子ちゃん

高速道路を爆走するガングロ女子高生の怪人

　高速道路にあらわれる、とし子ちゃんという女子高生の怪人にまつわる都市伝説。とし子ちゃんは、日焼けした黒い肌、金髪、はではでのメイクといった「ガングロ」とよばれる1990年代後半に流行したファッションをしている。そして、厚底ブーツをはいて、高速道路を超スピードで走りまわっているという。

　とし子ちゃんは車を見つけると追いかけてきて、乗っている人の命をうばうといわれている。ただし、運転手がメガネをかけた男性の場合は、理由は不明だが、一度だけは見のがしてくれるらしい。とし子ちゃんと遭遇した目撃者は、メガネをかけていたために命拾いした、と報告している。

調査レポート

『とし子ちゃん』

ギャル語を話すとし子ちゃん

とし子ちゃんが、なぜメガネをかけた運転手なら一度だけ見のがしてくれるのかは、今のところわかっていない。

とし子ちゃんと遭遇した目撃者は、メガネをかけていたために命拾いした、と報告しており、そのときとし子ちゃんから、次のように言われたという。「なんだよメガネか。超バッド。次、気をつけな。次はアンタの頭もらってくよ。マジにMK5」。ちなみに「MK5」というのは、1990年代後半に若者の間で流行していた言葉で、「マジでキレる5秒前」という意味だという。

↑1990年代後半のガングロギャルのイメージ。

高速道路にまつわる都市伝説

とし子ちゃんのように、走る自動車を追いかけてきて、事故にあわせる怪人の話は多い。道路に出没する怪人の都市伝説を紹介する。

ターボババア

全国の高速道路にあらわれ、四つんばいで追いかけてきて車と並走するおばあさんのすがたをした怪人。背中に「ターボ」と書かれた紙がはってある。さらにスピードとパワーが増した怪人を「ハイパーババア」といい、さらに進化すると「光速ババア」となる。

バスケばあちゃん

高速道路をバイクで走っていると、とつぜんバスケットボールをドリブルしながらあらわれる、おばあさんのすがたをした怪人。バイクの運転手に向かって、バスケットボールをパスしてくるという。運転手はバランスをくずし、事故にあうことが多い。

100キロババア

全国各地にあらわれる、おばあさんのすがたをした怪人。その名のとおり、時速100kmのスピードで高速道路を走る。北海道の摩周湖あたりにあらわれる100キロババアは、マリモをぶつければ追いはらうことができるという。顔がおばあさん、足が馬のすがたをした100キロババアもいるという。

➡高速道路では老婆の怪人が多く出没する。

おしゃべりが好きな
動く腹話術人形

とも だち

　自由に動き、おしゃべりをする腹話術人形にまつわる都市伝説。目撃者が小学生のとき、両親が古道具屋から少年の腹話術人形を買ってきた。その人形は目撃者が１人で留守番をしているときだけ動き出し、話し相手になってくれたという。人形は気取り屋だったが話がおもしろく、目撃者は人形をよき「ともだち」だと思っていた。

　あるとき、人形はとつぜん別れを切り出し、遠足の準備をしてリュックを枕もとに置いてねるようにと目撃者に言った。目撃者がそのとおりにしてねると、明け方に大きな地震が起きた。目撃者はリュックを持ってにげて助かったが、その後、人形はどこかへ消えてしまったという。

調査レポート

報告者の家は全壊をまぬがれたが、人形はどれだけ探しても見つからなかったという。人形がなぜ動き、言葉を話せるのかは不明だが、子どもの味方であることはまちがいないだろう。

幽霊の正体については、使用して
いた回線が判明したため、人間が
幽霊のふりをして書きこみをして
いたとする説が有力だ。しかし、
いかにも幽霊らしい書きこみだっ
たため噂が広まったのだろう。

幽霊だけど何か質問ある？

幽霊が質問に答える インターネット掲示板

インターネット掲示板に幽霊があらわれて書きこみをしたという都市伝説。その幽霊は、自分から正体を明かして幽霊だと名乗り、掲示板に書きこまれた質問に答えたという。幽霊となった今は、他人は自分のことが見えない、体に重さはなく宙に浮いている、物はさわれるが動かすことはできない、ドアなどをすりぬけることができるといった、幽霊ならではの特徴を書きこんだ。

幽霊は生きていたころ「タクジ」という名前で、事故で亡くなってしまったという。気がつくと宙に浮かんでいて自分の遺体を見ていたそうだ。体には事故でついた傷はなかったという。そして最後は、掲示板をとおして交流ができて楽しかったと言い残し、去っていったという。

データ

危険度	★★★	場所	インターネット
国・地域	日本	時代	現代

霊魂　特徴　幽霊がインターネット掲示板に書きこみをするという現象。交流を楽しんだのちに消えた。

ぶながや

沖縄県にあらわれる妖怪にまつわる都市伝説。その妖怪は「ぶながや」といい、髪は赤くて長く、体全体も赤く、子どもくらいの身長だと伝えられている。古い木の上に住み、魚やカニをとることが得意で、とれた魚は目玉だけ食べるそうだ。人なつっこく、すもうが好きで、人に害をあたえることはないという。きらいなものは大きな音で、雷や嵐も苦手だといわれている。

ぶながやは、昔は沖縄の各地にいたが、戦争のあと、豊かな自然が残る沖縄北部の大宜味村の森や川ににげて、そのまま住みついたと伝えられている。大宜味村は「ぶながやの里」とよばれ、村民にとってぶながやは今も身近な存在なのだという。

調査レポート

沖縄県には、真っ赤な髪の毛と真っ赤な体が特徴で、ガジュマルなどの古い木に住んでいる「キジムナー」という精霊もいる。ぶながやは、このキジムナーと同じ存在だとする説もあるようだ。

データ

危険度	★★★	場所	木の上
国・地域	日本・沖縄県	時代	現代
怪物	特徴		長い赤髪、赤い皮ふで、子どもくらいの身長の妖怪。魚の目玉が好物で人なつっこい。

		危険度 ★★★	場所 公園など
怪物		国・地域 日本・埼玉県	時代 現代
		特徴	刀をもち、忍者のすがたをして2本足で歩く。集団で行動し、特定の人間をつけねらう。

インターネットの噂によると、猫の忍者はロシアンブルーという品種の猫に似ていたそうだ。現在、猫の忍者が目撃されているのは埼玉県のみだが、じつは全国にひそんでいるのかもしれない。

猫忍者

忍者のすがたをした二足歩行の猫

埼玉県で目撃された、刀を持ち、忍者のすがたをした二足歩行の猫。ふつうの猫よりも筋肉が発達し、体は大きく太く身長は50cmほどだという。仲間同士で何かを話し合いながら行動し、目的は不明だが、特定の人間をつけねらう。

噂によると、目撃者が夜中の0時ごろ、ジョギング後に公園で休んでいたら、黒い布をかぶった忍者のような格好の猫に、刀をつきつけられた。目撃者は家までにげ帰ったが、数日後、数匹の猫の忍者が家の周りをうろつき、夜中に窓やかべをたたいて家に入ろうとしたという。その後、目撃者は体調をくずして埼玉県から引っ越したため、猫の忍者を見かけなくなったそうだ。

この話は2011年にインターネットの掲示板に書きこまれて広まった。チラシ男を目撃した人は、おそろしくなり茶色い封筒ごとチラシを捨てたというが、その後、変わったことはないという。

チラシを配るペラペラな怪人

江戸川沿いの道で目撃されている怪人の都市伝説。全身が布切れのようにペラッペラの厚さしかない怪人で、頭は丸がり、白いタンクトップと短パンを身につけている。茶色い封筒にチラシを入れて、遭遇した人間にわたすことから「チラシ男」とよばれている。なぜチラシを配るのか、目的は不明だ。

目撃者によると、江戸川沿いの道を歩いていたら、前からチラシ男がニコニコしながら走ってきた。チラシ男はすれちがうときに「ビビってんじゃねーよ、バカ」と笑顔で言いながら、持っていた茶色い封筒をなげてよこしたという。封筒の中には、全国の霊園や葬儀屋の広告が30枚ほど入っていたそうだ。

チラシ男

▶データ

	危険度	★★★	場所 道
	国・地域	日本	時代 現代
怪人	特微	全身が布切れのようにペラペラな厚み。チラシが入った茶色い封筒を持っている。	

35

丸々工業株式会社

営業部長

滅三川 太郎

携帯番号000-0000-0000
metsu_taro@goomei.com

データ

| 危険度 ★★★ | 場所 街など |
| 国・地域 日本 | 時代 現代 |

怪人　特徴　日本には存在しない名字で、幽霊など人ではない存在が名乗るときに使うといわれている。

人間ではない幽霊が名乗る名字

滅三川

　めずらしい名前にまつわる都市伝説。「滅三川」という名字を名乗る人物がいたら、それは人ならざる者かもしれない。「めさんがわ」以外にも「めっさがわ」とよばれることもある。この「滅三川」という名字は、幽霊など人間ではない存在が自らを名乗るときに使うのだという。日本に「滅」の字を使った名字は存在しないとされており、このような噂が生まれたのかもしれない。

　「この名字を名乗る者は異世界の人間であり、ていねいに相手をしなければならない」という内容が記された古い資料があったというが、実際には見つかっていない。この都市伝説は、本やインターネットを通じて広まったようだ。

調査レポート

日本に存在する名字の数は、30万種類もあるという。これほど多いにもかかわらず「滅三川」という名字がないのは興味深い。ちなみに日本で一番多い名字は「佐藤」で約185万人もいるそうだ。

調査レポート

女子中学生は、購入場所は不明だが、とあるブランドの化粧品売り場で阿修羅クイーンを購入したという。女性店員に限定品としてすすめられたそうだ。今もどこかで売られているかもしれない。

危険度 ★★★		**場所** 店	
国・地域 日本		**時代** 現代	
現象	**特徴** 女王気分を味わえるスティック状の香水。つけると阿修羅があらわれて周囲をにらむ。		

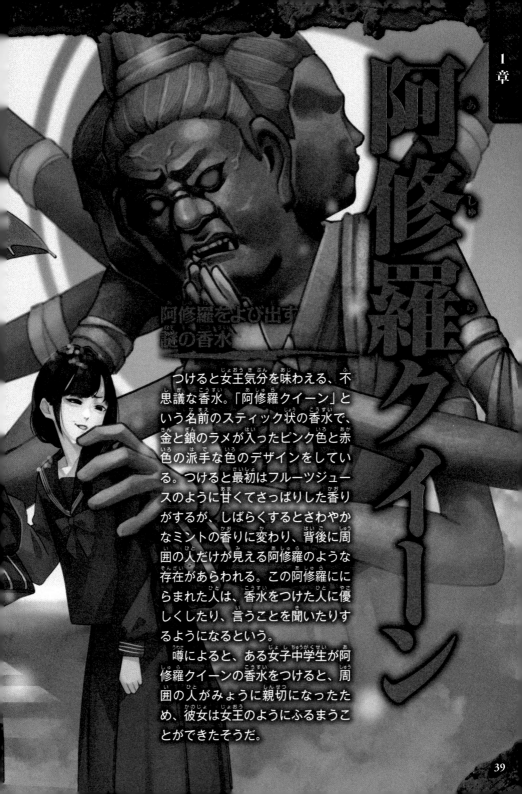

阿修羅クイーン

阿修羅をよび出す謎の香水

つけると女王気分を味わえる、不思議な香水。「阿修羅クイーン」という名前のスティック状の香水で、金と銀のラメが入ったピンク色と赤色の派手な色のデザインをしている。つけると最初はフルーツジュースのように甘くてさっぱりした香りがするが、しばらくするとさわやかなミントの香りに変わり、背後に周囲の人だけが見える阿修羅のような存在があらわれる。この阿修羅ににらまれた人は、香水をつけた人に優しくしたり、言うことを聞いたりするようになるという。

噂によると、ある女子中学生が阿修羅クイーンの香水をつけると、周囲の人がみょうに親切になったため、彼女は女王のようにふるまうことができたそうだ。

調査レポート

音を立てながら家をゆらす「家鳴」という妖怪がいるが、この都市伝説に登場する「やなり」は音を立てず家の外を移動するので、別物だろう。なぜ「やなり」とよばれているのかは不明だ。

夜になると音もなく やってくる青い怪物

やなりが通る

　九州のとある地域に古くから伝わる怪物の都市伝説。やなりは、全身が青色の生物で、暗くなると音もなくあらわれるという。

　昔からこの地域では、親が「夜に出歩くとやなりが通るよ」と言って、夜まで遊ぶ子どもを注意したという。地域の人々に古くから知られている存在だが、人間に悪さをするとも、無害だともいわれており、その正体はわかっていない。

　目撃者によれば、小学校低学年のころ、空が暗くなってから友だちと家に帰るとちゅうで、やなりに遭遇したという。やなりは目撃者たちに気づいていたようだが、特に何もせず、ゆっくり動いたあと、自転車ほどの速さで走って消えたそうだ。

データ

危険度	★★★	場所	夜の道
国・地域	日本	時代	現代
怪物	特徴	全身が青色で、4本足で歩く。暗くなると道にあらわれ、音もなく走り去っていく。	

	危険度 ★★★	場所	海沿いの町
	国・地域 日本	時代	現代
怪人	特徴	家のトイレにあらわれる怪人。トイレの便器をなめるなど、奇妙な行動をしてくるという。	

便鬼

家のトイレにあらわれる怪人

　インターネットで語られている、夜中に家のトイレにあらわれるという便鬼とよばれる怪人の都市伝説。

　目撃者によると、遊びに行った友人の家に泊まることになり、友人がねてしまった夜中に、トイレに行きたくなった。すると、トイレの中からピチャピチャという音が聞こえた。目撃者がドアをあけると、中には便器をなめる友人のすがたをした怪人がいたのだ。おどろいた目撃者に気づいて怪人がふり返ったので、目撃者はこわくなって大声をあげてにげだしたという。

　その後、友人はいつもどおりにふるまっているといい、トイレにいた怪人が友人自身だったのかは、今も確認できていないという。

調査レポート

トイレにあらわれる怪人は「トイレの花子さん」や「四時ババア」、「カマキリさん」などが有名だ。ただし、いずれも目撃場所は学校のトイレであり、家のトイレにあらわれる怪人はめずらしいかもしれない。

データ

危険度	★★★	場所	道など
国・地域	日本・愛知県	時代	江戸時代〜現代
現象	特徴	乗り物の運転手や乗客が、全員何もないはずの右側を向いている現象。	

カゴカキ

乗り物の運転手が右側を向く現象

カゴカキとは、江戸時代に活躍したかごをかついで人を運ぶ人のことだ。ただし、愛知県に伝わる「カゴカキ」は不思議な現象を意味する。

昔、かごを前後で支えるカゴカキが2人とも右側を見ながら客を運んでいるのを町民が目撃した。町民がカゴカキと同じ方向を見ても、そこには何もなかったそうだ。

そして現代でも、カゴカキとよべる現象が起きている。ある工場に向かうバスの運転手が、常に右側を向いているというのだ。前を見ていないのであぶないなと思ってバスをよく見ると、バスの乗客たちも全員右を向いている。これを目撃してしまうと、その人の頭の中には、お経のような声が聞こえてくるという。

『カゴカキ』

カゴカキにまつわる江戸時代の怪談

江戸時代に書かれた『諸国百物語』という物語集には、カゴカキに乗せた客が幽霊で、とちゅうで消えてしまうという話がある。カゴカキに乗せた客が、屋敷に着くと金を取りに行くといって中に入っていった。客がなかなかもどってこないので、カゴカキが屋敷の人にたずねたら、その客は死んでいたことがわかるという話だ。

この話は現代では、タクシーに乗せた客がとちゅうで消える「タクシー幽霊」の話として有名だ。カゴカキの場合は運転手が不思議な行動をするので、めずらしい都市伝説かもしれない。

➡ 江戸時代のカゴカキ（かごをかついで人を運ぶ人）。

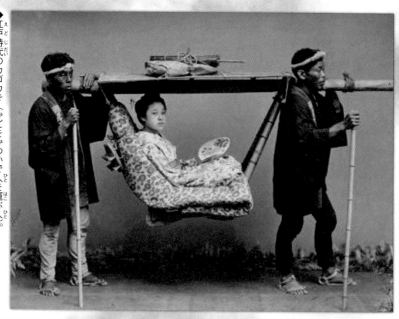

乗り物にまつわる都市伝説

カゴカキのように、乗り物にまつわる都市伝説は全国にある。乗客が人間ではなかったり、乗り物そのものに異常があったりする話が多い。

高級車のカエル

東京都の銀座で目撃された都市伝説。目撃者が大通りを走っていたら、前から高級車がきた。芸能人でも乗っているのかと思ってすれちがうときに見ていたら、巨大なカエルが助手席に座っていた。カエルは目撃者を見て「何、見てんだよぉ」と言ったそうだ。

バスに乗ってきた幽霊

ある雨の日の夜、おばあさんがバスに乗ってきた。しかし、降りると告げたバス停についてもなかなか降りないので、運転手が確認にいったら席にだれもおらず、座席が水でぬれていた。別の日、若い女性もおばあさんと同じ駅で消え、座席が水でぬれていたそうだ。

奇妙なバスと乗客

インターネットに書きこまれた都市伝説。あるとき、報告者がバスに乗っていたら老婦人と老紳士が言い争いをはじめ、老紳士が丸い球のようなものを取り出した。

するとバスは別のルートを走りはじめた。目撃者はそこで意識を失い、気づけば病院にいたがなぜか道にたおれていた。その日乗っていたバスは消えてしまった。

➡バスに乗ると不思議なことが起きやすいのかもしれない。

調査レポート

非常口の怪人は、街中などでも目撃される可能性があるらしい。ただし、3回までは見ていいが、4回目は危険だ。もし4回見てしまうと、そのときはどこかに連れていかれてしまうという。

非常口の怪人

視界を横切る緑色の怪人

　白い背景に緑の人が走っているすがたが描かれた、非常口のマークはだれもが見たことがあるだろう。ふつうは建物の中にある非常時の通路を案内する場所にあるはず。そんな非常口のマークの怪人が、たまに抜け出すことがあるという都市伝説。

　昔、あるホテルに泊まった人が、敷地内を移動中に森のような場所を通った。すると、目のはしに何かがうごく影が見えた。それは、大きさが２ｍほどもある非常口のマークと同じポーズをした緑色の怪人だった。怪人は地面から少し浮いていて、音もなく目撃者の視界を横切っていった。こわくなった目撃者はあわててにげたそうだが、緑色の怪人の目的はなんだったのだろうか。

データ

危険度	★★★	場所	森など
国・地域	日本	時代	現代

怪人

特徴　非常口のマークのすがたをした緑色の人型の怪人。いるはずのない場所にあらわれる。

だれも覚えていない
謎のドリンク

　50年ほど前に販売されていたという噂の、謎のドリンクにまつわる都市伝説。そのドリンクは「スペル」という商品名で、赤色の液体で120mlの小ビンに入って売られていたという。地方ではコマーシャルも放送され、製造元もわかっている商品にもかかわらず、なぜかスペルについて覚えている人が関係者をふくめてだれもいないという。

　スペルは、昔インターネットオークションに出品されたことがあるらしいが、出品者や購入者などの情報はいっさい不明だ。また、このオークション以外に、確認できるスペルの情報はない。なぜこれほどスペルについての記録が残っていないのか、疑問に思われている。

調査レポート

　スペルのコマーシャルは、1972年〜1975年ごろ、九州のとある地方で流れていたという。ところが、このコマーシャルに出演した俳優は、スペルという商品について何も覚えていなかったそうだ。

データ

		危険度 ★★★	場所 店
現象	特徴	国・地域 日本	時代 現代

約50年前に売られていたという赤い液体の
ドリンク。なぜかだれも覚えていない。

ヒトクチ

巨大な口をもつ山の肉食怪物

山にあらわれる怪物の都市伝説。名前のとおり、ひと口でえものを飲みこんでしまう肉食の怪物で、体はメスのシカくらいの大きさだが、体の毛は黒くて短く、異様に大きな頭をしているという。特にあごが巨大で、体の半分ほどの大きさであるという。とても頭がよいので、猟師がしかけたワナには決して引っかからないといわれている。

インターネットに書きこまれた情報によると、ヒトクチは山に住んでいるという。ヒトクチが山から降りてきて村人をおそったため、村人全員で山狩りをおこない、ヒトクチをしとめたそうだ。ヒトクチの死体はその場で焼かれ、うめられた場所には塩をまかれたという。

調査レポート

他にも九州地方の北部の山にいる「アガリビト（➡P120）」など、山で目撃される怪物や怪人は多い。一方で、人間を助けてくれる山の神様の子どもの「山けらし様（➡P132）」といった存在もいる。

データ

怪物

危険度	★★★	場所	山
国・地域	日本	時代	現代

特徴　顔の半分ほどのサイズのあごをもち、ひと口でえものを食べる。体はメスのシカのよう。

男性がペグを打ちこんだ場所に、たまたま七色ミミズがいて、攻撃されたと思って飛びだしてきたのかもしれない。男性は七色ミミズのとげでけがをして、数日、熱を出してねこんだそうだ。

54

キャンプ場の地面にひそむ ミミズに似た怪物

七色ミミズ

　山のキャンプ場にいるという巨大な七色のミミズ。ミミズに似ているが非常に大きい。体の表面は青黒くするどいとげがあり、七色のすじがいくつも走っているという。ふだんは地面にもぐって移動し、人前にすがたを見せることは少ないようだ。

　とある山で、男性が数名の仲間とキャンプをしていたときに遭遇したという。男性がペグ（テントを地面に固定するためのくい）を地面に打ちこんだとき、テントのまわりの地面が波打った。男性がおどろいてペグを引きぬくと、地中から七色ミミズが飛びだし、彼に巻きついたそうだ。七色ミミズは友人たちによって彼から引きはがされると、さっと地面にもぐってしまったという。

データ

危険度	★★★	場所 キャンプ場
国・地域	日本	時代 現代
怪物	特徴	巨大なミミズに似ているが、体表に七色のすじが走り、するどいとげをもっている。

55

データ

危険度	★★★		場所	畑など
国・地域	世界中		時代	現代
現象		特徴	ミツバチが消えると人類は食料不足になり、絶滅するというアインシュタインの警告。	

個体数減小

物理学者が告げた
人類滅亡の未来

　「もし地球からミツバチが消えたら、その４年後には人類も絶滅してしまうだろう」という、有名な物理学者アインシュタインが残したとされる言葉にまつわる都市伝説。

　ミツバチには、草花の受粉を助ける役割があり、人間の食料となる作物の生産を支えている。もしミツバチが消えてしまえば、植物が絶え、植物を食べる草食動物、草食動物を食べる肉食動物も絶えてしまう。つまり、もしミツバチが消えてしまえば、地球は食料不足になり、人類が滅びる未来しかないという。

　現在、ミツバチが集団で巣からにげる現象が世界各地で報告されているという。アインシュタインが警告した未来が来てしまうのだろうか…。

ミツバチの警告

『ミツバチの警告』

アインシュタインの予言は当たるのか？

ミツバチが消えると人類もいずれ滅亡するという予言を残したアインシュタインは、20世紀を代表する物理学者だ。相対性理論などの新しい考えを発表し、ノーベル物理学賞も受賞している。

ミツバチと人間の関係は古く、紀元前7000年ほど前にハチミツ狩りをする女性を描いた洞くつの壁画が見つかっている。今さら、ミツバチがいない世界で生きることなど想像ができない。現在、地球上にいるミツバチの数が減少しているという報告もある。アインシュタインの予言が当たらないよう、対策が必要になりそうだ。

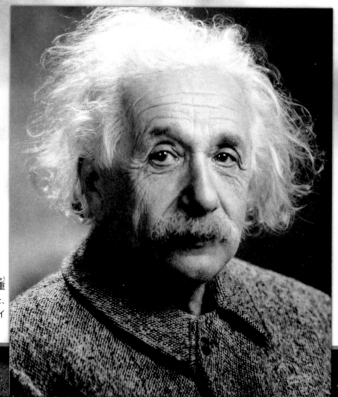

➡人類にとって重要な警告をした、アルベルト・アインシュタイン。

有名な予言者たち

人類の未来を予言した人物は、アインシュタインだけじゃない。これまでに数々の予言者が地球の将来について言葉を残してきた。

未来人ジョン・タイター

2000年にインターネット上にあらわれた、2036年から来た未来人がジョン・タイターだ。彼は予言を残して未来にもどったが、のちにいくつかの予言が的中したため、本物の未来人だと噂になった。彼の予言では2034年に、タイムマシンが完成するという。

ババ・ヴァンガ

1911年にブルガリアで生まれた予言者。彼女は千里眼（遠くのものを見たり、未来を予知する超能力）の使い手だった。1996年に亡くなるまでの間、大災害や世界的な大事件を予言し、的中させたという。彼女が残した予言は5079年まであるそうだ。

ノストラダムス

16世紀に南フランスで生まれた医師であり占星術師。彼が予知した言葉が記された書物が残されており、そこには世界の終末についても書かれていた。

日本では、この書物をもとに1980年代に『ノストラダムスの大予言』という本が出たことでブームとなり、1999年7月に地球が滅びるとの噂が広まった。

↑数々の予言を残したノストラダムス。

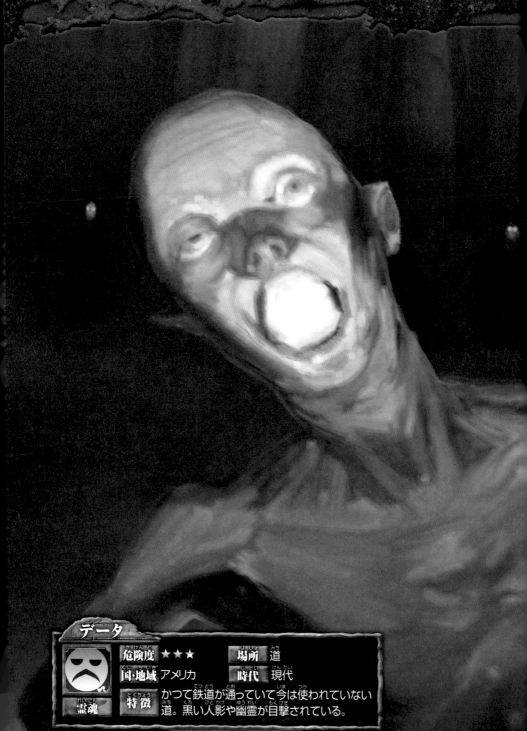

データ

危険度	★★★	場所	道
国・地域	アメリカ	時代	現代

霊魂

特徴 かつて鉄道が通っていて今は使われていない道。黒い人影や幽霊が目撃されている。

調査レポート

2005年には12人の謎の人影が、2006年には黒い幽霊が写真にとられている。だれかが死んだという噂は聞かないが、鉄道事故で多くの死者が出たこの場所には、近よらないほうがいい。

ゾンビロード

黒い人影や幽霊がうごめく魔の道

アメリカで「ゾンビロード」とよばれる不気味な心霊スポットにまつわる都市伝説。ゾンビロードは、ミズーリ州のセントルイスという都市にある、今は使われていない道のこと。約3kmほどの道をまっすぐ進むとがけで行き止まりになっている。この道ではだれもいないのに何人もの黒い人影や幽霊が目撃される

ことから、いつしかゾンビロードとよばれるようになったという。

この道はもともと鉄道が通っていたが、カーブが多く事故が多発してたくさん死者が出たため、線路を取りのぞいたそうだ。今でも一部の線路が道に残っているという。事故で死んだ人々がゾンビとなってよみがえり、うろついているのだろうか。

月の宮駅

　夜行列車に乗っているとたどり着くことがあるという、不思議な駅。大都市のそばにあるという。

　目撃者によると、夜行列車で東海道線を走っていたら、午前3時ごろに「月の宮」という見知らぬ駅に電車が停まった。その駅はうす暗く、幻想的なふんいきだったという。

　ホームには身長2mほどの、黒くてひょろひょろっとした影人間のような存在が何人か歩いていたそうだ。目撃者の乗る電車からは、2人ほど駅に降りていったが、どちらもふつうの人間に見えたという。

　目撃者はこわくなってそのまま電車に乗り続けたら、やがて電車が動き出した。車窓からは、たくさんの高層ビルが立ち並ぶ大都市が見えたそうだ。

データ

危険度	★★★		**場所**	電車
国・地域	日本		**時代**	現代

現象	**特徴**	高層ビルが立ち並ぶ大都市につながる異界駅。2mほどの影のような人間がいる。

つきのみや

異界との境目

　異界とは、私たちが生きている「こちらの世界」とは異なる、「あちらの世界」のこと。こちらの世界と比べて未知のことが多く、人間によるコントロールがきかない世界だ。昔から、人間が生きる世界の外側には、鬼や幽霊が住む闇の世界があると信じられており、これを異界とよんだ。人が生きる「この世」に対して、死後の世界「あの世」を異界とよんだりもする。

　異界との間には境目があり、それを越えるとあちらの世界に行ってしまうといわれている。こちらの世界には、異界との境目となりやすい場所があり、これを境界とよぶ。家の門や玄関、四つ辻、川や橋は代表的な境界だ。

　例えば家の門や玄関は、自分たちが暮らす家という日常的な空間と、外の世界をへだてる境界だ。鳥居や門は、外からやってくる悪いものを防ぐ結界の役割を果たしているという。四つ辻は、道が十字に交わる場所なので異界と通じるとされ、魔のものが出やすいそうだ。川や橋も異界につながっていて、越えるとあの世に行くといわれている。

　異界とはめずらしい世界ではない。私たちがくらす日常のあらゆるところに境界は存在し、一歩ふみ越えるだけで異界につながるのである。

←この世とあの世の境界として有名な、京都の一条戻り橋。

2章

崩レル日常

きっかけは、ほんのささいなほころび。小さな裂け目から、闇のモノたちはすがたをあらわす。彼らと目があった瞬間に、当たり前だった世界は失われてしまうだろう。一度こわれてしまった日常は、もう元どおりにはできないのだ。

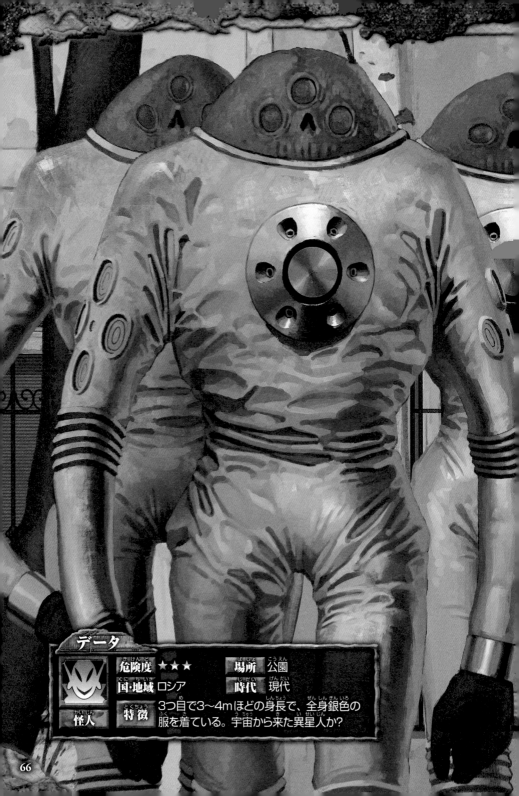

データ

危険度 ★★★	場所 公園
国・地域 ロシア	時代 現代

怪人 　特徴 3つ目で3〜4mほどの身長で、全身銀色の服を着ている。宇宙から来た異星人か？

3つ目の宇宙人

40人以上の市民が目撃した宇宙人

　ロシアで目撃されたUFO（未確認飛行物体）および宇宙人にまつわる都市伝説。

　1989年9月27日の午後6時半ごろ、ロシアのヴォロネジ州にある市内の公園で小学生が遊んでいた。すると赤い光を発する卵型のUFOが公園に近づいてきて、公園の上空でとつぜんドアを開けた。そこには

3～4mほどの巨人で、目が3つあり、全身銀色の服を着た宇宙人がいた。宇宙人はしばらく周囲を見まわしたあとドアをしめ、UFOを公園に着陸させた。ふたたび3つ目の宇宙人が出てきたが、やがてUFOにもどり飛び去っていった。これらの光景を40人ほどが目撃しており、新聞でも大きく報道されたという。

『3つ目の宇宙人』

人間を一瞬で消す道具を持つ

3つ目の宇宙人との遭遇事件を報道した当時の記事によると、宇宙人が地上ですがたを見せたとき、奇妙なことが起きたという。

宇宙人が地上に降りたとき、ピストルのような円筒をかかえてあらわれた。そして、宇宙船の近くにいた少年に向けてピストルから光を出すと、なんと少年のすがたがパッと消えてしまったそうだ。その後、宇宙人は宇宙船にもどり、飛び去っていった。宇宙船が見えなくなると同時に、消えた少年があらわれたという。この少年の体が無事だったかどうかは記事に記されていない。

↑子どもたちが描いた、目撃した宇宙人とUFOのスケッチ。

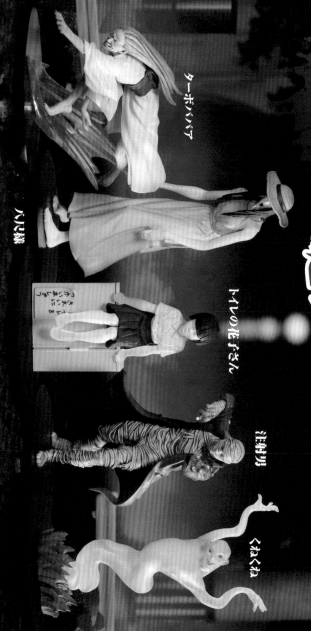

緊急特報

あの「都市伝説大百科」の怪人たちが

超リアルフィギュアになって現る!

ターボババア

八尺様

トイレの花子さん

汚街男

くねくね

八尺様

身長が240cmほどもあるとされる怪人。帽子をかぶっており、「ぽぽぽぽぽ」といった不気味な笑い声をあげるという。八尺様に気に入られてしまうと数日以内に死んでしまう。

注射男

全身包帯をまいて、町をさまよう怪人。電信柱のかげにかくれて子どもをまちぶせし、「今、何時？」と時間を聞いてくる。そうやって油断させた子どもの腕に注射をして、去っていくという。

田んぼ

くねくね

全国各地の田んぼにあらわれる。まっ白い体をくねくねとくねらせながら動き、遠くから見るだけなら問題ないが、間近で見てしまうと、頭がおかしくなってしまうといわれている。

高速道路
こうそくどうろ

**ターボ
ババア**

高速道路を車で走っているときに目撃される
老婆のすがたをした怪人。よつんばいで車を
追いかけてきて、走るスピードは車と同じく
らいだという。

もしかしたらキミのすぐ近くにも…

**トイレの
花子さん**
はなこ

赤いスカートをはいたおかっぱすがたの女の
子の幽霊。学校の3階にある女子トイレの3番
目のとびらを3回ノックし、「花子さん、遊び
ましょう」というと、返事が聞こえるという。

怪人目撃マップ
かいじんもくげき

ヴォロネジ市内のあちこちにある目撃情報

　UFOを目撃した人は、公園にいた人だけではない。ヴォロネジ市内のあちこちで、空に浮かぶ赤い球体が目撃されているのだ。赤い球体というのは、3つ目の宇宙人が乗っていた、赤い光を発する卵型のUFOのことだろう。

　しかもヴォロネジ州では27日の事件以外にも、9月21日から10月7日の約2週間に、複数のUFO目撃事件や宇宙人遭遇事件が発生している。9月21日に目撃された宇宙人は、27日の事件で目撃された3つ目の宇宙人の特徴によく似ていた。これらの情報から、3つ目の宇宙人が実際に地球にあらわれた可能性が高いが、その目的は謎に包まれている。

↑UFO事件を目撃した人々。

ウンモ星人とのつながりも？

　さらに、ヴォロネジ市内で目撃されたUFOには「Ж」というマークがあったという情報もある。このマークは、1967年にスペインにあらわれた「ウンモ星人」をあらわすマークと似ているという。ヴォロネジ市内にあらわれた宇宙人は、ウンモ星人なのだろうか。

ヘロブラインが話題になってから、ゲーム開発会社もその存在をゲームに盛りこみ、プレイヤーを楽しませているという。画像の中にヘロブラインの絵をひそませるなどをしたことがある。

データ

危険度	★★★	場所	ゲームの中
国・地域	世界中	時代	現代
現象	特徴	ゲーム内で目撃される、存在しないはずのキャラクター。その正体はなぞのまま。	

人気ゲームにあらわれる謎のキャラクター

　フィールドの中のブロックで建築をしたり、敵をたおしたりする世界的に人気のゲーム内で目撃されているヘロブラインという謎のキャラ。ゲーム内には存在しないキャラだ。しかし、緑色のTシャツに青いズボンを着ていて、白目が特徴のヘロブラインの目撃情報は、あっという間に世界中のプレイヤーの間に広まった。ヘロブラインの出現条件はわかっていないが、ゲーム内を勝手に移動したり、プレイヤーのほうをじっと見つめてきたり、ゲーム内のオブジェを破壊したりするそうだ。

　ヘロブラインの正体は、ゲーム開発者の1人の死んだ兄弟で、彼がゲーム内に入りこんだものだという噂がある。ただし、この説は開発者によって否定されたため、本当の正体は不明のままである。

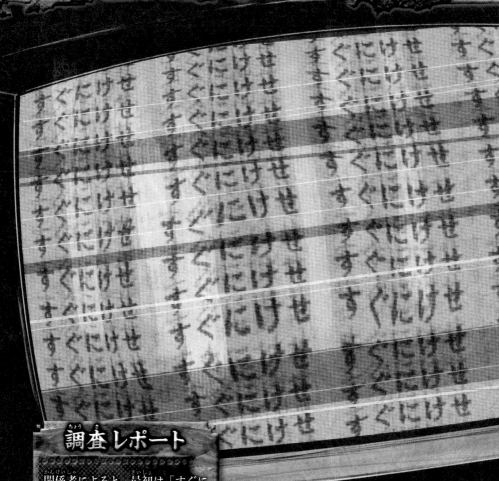

 調査レポート

関係者によると、最初は「すぐに
けせ」というメッセージの出るシ
ステムをゲームにしこんでいたが、
発売前には消したという。ではな
ぜ、発売した商品でこの現象がお
こったのか、謎が残る。

データ

危険度 ★★★	場所	ゲーム
国・地域 日本	時代	現代
現象 特徴	ゲームの電源を入れたら「すぐにけせ」とい	
	う赤い文字が、テレビ画面をうめつくす。	

すぐにけせ

画面をうめつくすゲームからのメッセージ

とあるゲームにまつわる都市伝説。このゲームは、悪魔が存在する現代の世界を舞台としたロールプレイングゲームで、1990年代に発売された。噂によると、このゲームの電源を入れても、画面が真っ暗なままオープニングが始まらないことがあるという。そのまま放置しておくと、やがて「すぐにけせ」という赤く不気味な文字が、画面いっぱいにあらわれるといわれている。同じシリーズのソフトでも目撃されたという噂もある。一体、だれがなんの目的でこのようなことをしたのだろうか。

なお、この文字が出てもゲームの電源を落とさなかった場合、これを見た人やソフト本体がどうなったのかは、報告されていない。

	危険度	★★★	場所	空き地
	国・地域	日本	時代	現代
霊魂	特徴	子どもたちによる手作りの像。子どもたちの身代わりとなったために、こわれた？		

身代わりになった手作りの悪い神様の像

子どもたちが手作りしてまつった悪い神様の像にまつわる都市伝説。

あるとき、クラスの人気者になろうとした3人の小学生が空き地に落ちていたゴミなどを組み合わせて悪い神様の像を作った。ゲームのキャラクターに顔が似ていたことから「コワモテ様」と命名し、ほこらを作って食べ物を毎日お供えした。

半月後、3人はつりに出かける約束をしたが、当日3人とも熱を出してねこんでしまった。次の日、彼らが出かける予定だった場所で死体が見つかり、なぜかコワモテ様がばらばらになっていた。報告者は、コワモテ様が危険をさっして3人をねこませ、そして身代わりとなってこわれたのだと信じているという。

コワモテ様

調査レポート

3人が毎日お供えを持ってきて手をあわせるうちに、コワモテ様に本当に神様が宿った可能性がある。そして自分の身をぎせいにして、子どもたちを危険から遠ざけてくれたのかもしれない。

データ

	危険度	★★★	場所	病院
	国・地域	不明	時代	1972年
怪人	特徴	病院にあらわれたマネキンのように無表情の怪人。とつぜんあばれて人をおそう。		

76

エクスプレッションレス

表情のない マネキンのような怪人

「無表情」という意味の都市伝説。1972年にある病院にあらわれた、生きたマネキンのような怪人だ。

この怪人は、顔は真っ白、まゆ毛はなく、マネキンのような顔をしているという。ある日、彼女は血まみれのガウンを身につけた状態で病院に運ばれてきたという。しばらくは病室のベッドでおとなしくしていたものの、急に動き出したかと思うとほほ笑みを浮かべ、医者におそいかかった。その口からは異様に長くするどい歯が生えており、医師はのどをかまれて死んでしまった。

そのまま彼女はにげてしまい、その後は目撃されていないため、正体は謎に包まれている。

調査レポート

「エクスプレッションレス」と名づけたのは、目撃された病院で助かった女医だという。こわい話を書くインターネットのサイトにのっていたことで広まったが、創作された物語かもしれないという説もある。

電車の吊革を伝って移動する女の怪人

電車にあらわれる怪人の都市伝説。パーカーを着た上半身だけの若い女性のすがたをした怪人で、吊革にぶら下がりながら、うんていのように車内を移動しているという。人間をおそってくることはなく、ただ楽しそうに、吊革を使った運動をひたすらくり返すのだそうだ。

目撃者によると、吊革女は、帰宅とちゅうの最終電車にあらわれたという。吊革女は、目撃者が見ていてもまったく気にしない様子で、楽しそうに吊革を伝って車両を何度も往復していたそうだ。

目撃者は最寄り駅に着いたのでさっさと電車を降りたそうだが、その後、ふたたび吊革女がその電車にあらわれたのかはわからない。

調査レポート

この話は2003年にインターネットの掲示板に書きこまれたもの。車内には、報告者以外にも吊革女の存在に気づいた乗客が何人かいたそうだが、吊革女にまつわる続報はまだないようだ。

吊革女
つり かわ おんな

データ

危険度 きけんど	★★★	場所 ばしょ	電車 でんしゃ
国・地域 くに ちいき	日本 にほん	時代 じだい	現代 げんだい
特徴 とくちょう	パーカーを着て上半身だけの若い女のすがたをしている。電車の吊革で運動している。		

79

骨抜き

生きたまま骨を抜きさる化け物

　インターネットで噂になった、骨抜きという名前の怪人の都市伝説。

　骨抜きは、森などに住む動物を生かしたまま、骨だけ抜きとることができるという。骨を抜かれた動物は、皮と肉だけになって動けなくなってしまうが、しばらく骨がない状態で生きているという。

　似たような怪人の存在は江戸時代にも目撃情報がある。ある書物によると、それは背の高い老人のような見た目をしており、手のひらに目がある怪人だという。この怪人に骨を抜かれてしまった人は、皮だけになって死んでしまったそうだ。

　骨抜きがねらう相手は、動物だけでなく人間の場合もあるといわれており、非常に危険な怪人のようだ。

調査レポート

骨抜きに似た妖怪が描かれていたのは『諸国百物語』という江戸時代の書物だ。のちに鳥山石燕という絵師がこれに似た「手の目」という妖怪の絵を描いているが、手の目は骨を抜くことはないそうだ。

危険度	★★★	場所	森など
国・地域	日本	時代	江戸時代～現代

特徴 動物などの骨を抜く怪人。骨を抜かれた動物は皮と肉だけになるが、しばらく生きている。

81

オフィスにあらわれる
幸運をよぶ妖怪

ざしきわらしのように、会社に住みつくオフィスわらしという妖怪がいるらしい。ざしきわらしとは、岩手県などに伝わる子どものすがたをした妖怪だ。ざしきわらしが住む家は幸運が訪れるといわれているが、オフィスわらしがあらわれる会社は、会社の成績がアップする、オフィスわらしの笑い声が聞こえると売り上げがのびるなどの噂がある。ただし、オフィスわらしが消えると成績や売り上げが下がるという。

ちなみに、入社したばかりの新人だけが出会う、コンピューターわらし（コンピーターわらし）という妖怪もいる。この妖怪は、パソコンの使い方をまちがった新人に、背後から正しいアドバイスをしてくれるありがたい妖怪だという。

オフィスわらし

データ

危険度	★★★	場所	オフィス
国・地域	日本	時代	現代
怪人		特徴	オフィスで目撃される子どものすがたをした妖怪。住んでいる会社の成績を上げてくれる。

『オフィスわらし』

オフィスわらしの仲間?

オフィスわらし以外にも、会社で目撃された妖怪たちがいる。夜に残業している人にとつぜん名刺をわたしてきて、新商品をすすめてくるが、次の日に名刺の電話番号にかけるとつながらないという都市伝説「深夜の営業マン」。芸能事務所にあらわれる謎の少年で、ある俳優が目撃すると、その直後から人気が出て仕事が増えたという「幸運の小坊主」。

夜の会社は社員はだれ1人いない静かな空間のはずだが、じつは会社にすみついた妖怪や幽霊などがうろついていて、にぎやかなのかもしれない。

↑こんなふつうのオフィスにも何かがひそんでいるかもしれない。

子どものすがたの妖怪たち

オフィスわらしは、ざしきわらしという子どもの妖怪の仲間だという。ざしきわらしや、その他の子どものすがたをした妖怪を紹介しよう。

ざしきわらし

家の中で目撃される子どものすがたをした妖怪。ざしきわらしがあらわれる家には幸運がおとずれ、いなくなってしまうと不運に見舞われてしまうという。

東北地方に古くから伝わる妖怪で、ざしきわらしがあらわれることで有名な旅館が岩手県にある。

学校わらし

ある高校の3年4組の教室にあらわれるという、子どものすがたをした妖怪。1年生にだけ見えるらしい。学校できもだめしがおこなわれたとき、だれもかくれていなかった3年4組の教室に学校わらしがあらわれ、多くの1年生によって目撃されたという。

ブラウニー

海外にも、家に住みつく精霊がいる。北イングランドに古くから伝わるブラウニーという精霊は、夜の間にその家の仕事をこっそり手伝ってくれるというありがたい存在だ。

古い家に住んで、夜にあらわれて皿洗いやそうじなどの家事をしておいてくれるという。見た目は全身が茶色の毛でおおわれており、マントを身にまとっている。他にも、イギリスにはブラウニーに似たゴブリンといういたずら好きの妖精もいる。

↑ブラウニーを描いた絵。

データ

危険度	★ ★ ★	場所	アンティークショップ
国・地域	日本	時代	現代
現象	特徴	正二十面体のブロック。クマ→タカ→魚の順に変形させるたびに怪奇現象が起きる。	

リンフォン

地獄の門を開く正二十面体のブロック

　謎の物体にまつわる都市伝説。その物体は「リンフォン」とよばれる正二十面体のブロックだ。クマ→タカ→魚の順に変形する面を動かして遊ぶことができる。変形するたびに怪奇現象に見舞われるという。

　噂によると、あるカップルがアンティークショップでリンフォンを購入して遊んでいた。だが、リンフォンが動物の形に変わるにつれて、変な電話がかかってきたり、地獄の穴に落ちそうになる夢を見たりといった怪奇現象が起こるようになった。

　カップルは魚の形になる直前でリンフォンで遊ぶのをやめ、捨てたという。それ以降、怪奇現象はおさまったそうだ。魚の形が完成したらどうなっていたのかは不明だ。

データ

危険度	★★★	場所	街中
国・地域	アメリカ	時代	現代

怪人

特徴　ハロウィンの日に、毒や薬物、刃物が入った
おかしを子どもに配る怪人。目的は不明。

ハロウィンの怪人

毒入りのおかしを子どもに配る怪人

10月31日のハロウィンの日に出現するといわれている怪人の都市伝説。ハロウィンといえば、子どもたちが「トリック・オア・トリート（おかしをくれなきゃいたずらするぞ）」と言って近所の家々を周るイベントで知られている。

ハロウィンの怪人は、出会った子どもたちに、毒や薬物、刃物が入ったおかしをわたすという。アメリカで1940年代から噂のある都市伝説で、最初は熱して高温になったコインを配っていたという。特に1960年代から70年代ごろの目撃情報が多いようだ。怪人の見た目ははっきりしておらず、またその目的も不明であるため、子どもにとってはおそろしすぎる存在である。

オラガンは「荒神」がなまった名前とする説がある。荒神は主に西日本に伝わる気性の荒い神様で、御神体などをそまつにあつかうとたたられるという。廃れた神社の荒神だったのかもしれない。

オラガンさん

古い神社にいる落武者のような怪人

福岡県で目撃された怪人。落ち武者のようなすがたをした怪人で、廃れた古い神社にいるという。

目撃者によると、夏休みにいとこと2人で、荒れた古い神社の裏でマンガを読んでいた。日がしずんだころに帰ろうとしたら、オラガンさんがあらわれた。刀をもち、足を引きずって歩き、目からは血が流れており、2人のあとを追ってきたという。目撃者たちが家ににげ帰ると、祖父は2人の服をぬがせて髪をそり、酒や水で体をぬぐって塩をかけ、髪と服を焼いて捨てた。2人は夏休み中、耳鳴りがあったが、何事もなかったという。オラガンさんの正体は不明で、もしつかまっていたらどうなったかはわからない。

データ

危険度	★★★	場所	古い神社
国・地域	日本	時代	現代
怪人	特徴	刀をもち、よろいを着た落武者のようなすがたをしている。白目からは血が流れている。	

光る小人

とある山小屋に複数で
あらわれる謎の小人

　山梨県のとある山小屋で、夜にあらわれるという光る小人。身長は20cmほどで人型をしているが、全身が白くかがやいているという。小人の体は、紙のようにうすっぺらかったという情報もある。

　噂によると、男性が山小屋でねていたら、この光る小人が数名であらわれたという。男性がねたふりをしていたら、小人たちは彼の胸の上に登ってきて、竹ぐしのようなものでツンツンとつついてきたそうだ。男性がおどろいてさけび声をあげたら、小人たちは小屋のあちこちへにげていったという。人間を攻撃しようとしたのか、ただ興味があって近づいただけなのか、小人の目的も正体もわかっていない。

調査レポート

同じ山小屋では、正体不明の巨大な手も目撃されている。目撃者によると、ねていたら巨大な手に胸をたたかれたそうだ。いずれにせよ、この山小屋にはなんらかの存在がひそんでいるようだ。

	危険度 ★★★	場所 山
怪人	国・地域 日本	時代 現代
	特徴	山梨県にある山小屋で目撃された白く発光する小人。竹ぐしでねている人間をつつく。

地中にねむる!?
徳川家の黄金伝説

江戸時代の将軍だった徳川家がかくしたとされる埋蔵金があるという都市伝説。埋蔵金とは、地面の中にうめてかくされた金銀財宝のことだ。江戸時代の後半、日本でとれる金が海外に出ていかないように、徳川家が大量の金を守ろうとした計画があったという。しかし、計画者は殺されてしまう。その後、江戸幕府がたおされ、明治時代の新政府が江戸城の蔵にあるはずの金を探したが、蔵は空っぽだった。

きっとどこかにうめてかくされているにちがいないと噂になり、たくさんの人が徳川埋蔵金を探した。現代になってテレビ番組なども大々的に特集して探したが、現在まで見つけた人はまだいない。

徳川埋蔵金

データ

現象

危険度	★★★	場所	地中
国・地域	日本	時代	江戸時代〜現代
特徴	どこかに徳川家がかくした黄金がねむっているという都市伝説。まだ見つかっていない。		

『徳川埋蔵金』

埋蔵金がねむる有力候補とは?

徳川埋蔵金がねむる場所として有力なのが、群馬県の赤城山だ。幕府の関係者に秘密を明かされたという水野智義は、特に埋蔵金探しに夢中になった人物だという。

明治時代の1890年、彼が山での探索を進めていると、ついに赤城山から金でできた徳川家康像が発見された。さらに、黄金のありかを示す古文書や地図なども見つかったので、やはり埋蔵金がうめられているにちがいないと思われたが、その後水野は見つけることができなかった。現在も、水野の子孫は意志を受けついで埋蔵金探しを続けているという。

↑徳川埋蔵金がねむるといわれている群馬県赤城山。

世界各地に残る埋蔵金伝説

お宝がねむるという噂があるのは日本だけではない。これまでにも世界中に失われたお宝の伝説があり、それを追いかけた人たちがいた。

チンギス・ハーンの財宝

チンギス・ハーンとはモンゴル帝国の初代皇帝で、世界最大の帝国を築いた英雄だ。1227年に亡くなるまでの間、世界各地から金銀財宝を奪い、手に入れたとされる。

しかし、彼の墓の場所は秘密にされ、遺体とともにうめられたという財宝も見つかっていない。

ソロモン王の黄金

ソロモンとは、約3000年前の古代イスラエルの王だ。彼は黄金のよろいを着て、黄金のイスに座り、金の杯を使っていたという。

この大量の黄金は「オフィル」という地域でとれたといわれているが、オフィルの現在の場所は不明で、謎とされている。

海ぞく黒ひげの秘宝

「黒ひげ」の異名をもつエドワード・ティーチは、カリブ海を荒らした海ぞくで、大量の金銀財宝を手に入れた。しかし、彼の死後、財宝がどこにもなく、多くの人が黒ひげの宝探しを始めた。

あるとき、2人の漁師が黒ひげの宝と思われる大量の金貨を発見した。彼らはあとで取りにくるために金貨を地面にうめたが、洪水で流されてしまい金貨はふたたび失われてしまった。

← 「黒ひげ」ことエドワード・ティーチ。

「目を開けてねると、まーるいおかしがもらえる」という言葉は「死ぬと葬式まんじゅうがもらえる」という意味が考えられる。だが、みっちゃんが何者か、なぜ押し入れにいるのかは不明だ。

死期を予言する？
押し入れに住む怪人

みっちゃん

　家の押し入れの中に住む、小さな女の子のすがたをした怪人。その家のだれかの死期が近づくと、みっちゃんは押し入れの中から出られるようになるらしい。

　夜中、ある家の女子学生がねているところに、みっちゃんがあらわれた。みっちゃんは女子学生の胸の上に乗り「目を開けて」と言った。さらに「目を開けてねると、まーるいおかしがもらえてね、だいじょうぶなの」とくり返したという。女子学生は思わず目を開けてみっちゃんを見てしまい、気絶した。次の日、彼女は交通事故で亡くなったそうだ。その後、彼女の葬式では、みっちゃんの言うとおり、まるい葬式まんじゅうが用意されたという。

データ

危険度	★★★	場所 おし入れ
国・地域	日本	時代 現代
怪人	特徴	小さな少女のすがたをしている。押し入れに住み、死期が近い人のところへあらわれる。

調査レポート

バスにまつわる幽霊の都市伝説は多い。雨の日におばあさんがバスに乗ってきたが、目的地に着く前にいつの間にか消えていて、座席が水でぬれていたという、バスに乗ってきた幽霊の話もある。

霊界バス

死んだ乗客を運ぶ
あの世行きのバス

中国にあらわれる、あの世行きのバスの都市伝説。見た目はふつうのバスと同じなので、生きている人間がまちがって乗ってしまうことがある。だが、運転手も乗客もみな幽霊で、そのまま乗り続けているとあの世にたどり着いてしまうそうだ。中国の北京では、毎年お盆の時期になると、ふつうのバスにまじって霊界バスが走っているという。

噂によると、あるカップルがバスに乗ったら、おじいさんと言い合いになった。話し合うため3人が次のバス停で降りたら、おじいさんが「あのバスは霊界行きだった」と教えてくれ、「うまく降りられてよかった」と言って去っていったそうだ。おじいさんの正体は不明だ。

データ

危険度 ★★★	場所 バス
国・地域 中国	時代 現代
霊魂	特徴 この世からあの世へ向かう霊界のバス。生きている人は、とちゅうで乗り降りができる。

山盛り飯

山にあらわれるたき立てのご飯

山で目撃された謎のご飯の都市伝説。インターネットに書きこまれた情報によると、報告者の友人Aが山に登ったとき、周囲にだれもいないのにご飯が入ったどんぶりが、大きな岩に置かれていた。はしがまっすぐにつき立てられた山盛りのご飯で、ほかほかの湯気が立っていた。それ以来、Aがその山に登ると必ず山盛り飯が置かれていた。あるとき、Aはその山盛り飯を食べてみることにした。その飯は大変おいしくAは米つぶひとつ残さずたいらげてしまったという。しかし、下山したあとAはほとんどしゃべらなくなり、次の日にゆくえ不明になってしまった。山盛り飯の正体はなんだったのか、今もわかっていない。

データ

危険度 ★★★	場所 山
国・地域 日本	時代 現代
現象	特徴

はしがつき立てられたご飯。特定の人物の前にあらわれ、食べるとゆくえ不明になる。

調査レポート

はしを立てた山盛り飯は、亡くなっ
た人の枕元に供えるご飯で、あの
世の旅路に備えるための食べ物と
いわれている。ゆくえ不明になっ
たＡは、山盛り飯を食べたことで
あの世へ旅立ったのだろうか。

肉
ずんぐりとした体に口だけついた怪物

「肉」という名前でよばれる怪物の都市伝説。この怪物は、幼稚園児くらいの背の高さで、頭と首と胴体の間にくびれがなく、手足が短いというずんぐりとした独特の体型をしている。服は着ておらず、全身はのびた皮に包まれている。顔も同様で目や鼻はのびた皮でかくれていて口だけが見えるが、口がある場所は、おなかのあたりだという。肉に会った場合、攻撃されることはないが目撃者は体調をくずしてしまう。

目撃者によると、肉は夜の道にあらわれ、ゆっくりと歩いており、すれちがうときに甘い香りがした。目撃者は、その翌日に高熱を出し、おなかをこわしたそうだ。その後、二度と見ることはなかったという。

104

| 危険度 ★★★ | 場所 夜道 |
| 国・地域 日本 | 時代 現代 |

怪物

特徴 くびれのない体で口だけが見える怪物。目撃すると高熱を出すなど体調が悪くなる。

調査レポート

江戸時代の絵巻などに描かれた「ぬっぺっぽう」という妖怪は、ながくのびた皮、短い手足、くびれのない体といった特徴をもつ。肉と非常にそっくりな見た目をしているが、関連があるかは不明だ。

データ

危険度	★★★	場所	空
国・地域	日本	時代	現代

現象

特徴 空中に浮かぶ赤い鳥居。特定の家系の人間
のもとにあらわれる。雨の日は出現しない。

宙に浮かぶ鳥居

命をうばう空中の巨大な鳥居

とつぜん空中にあらわれるという鳥居にまつわる都市伝説。

赤い色をした一見ふつうの鳥居だが、しんきろうのようにぼやけて空に浮かんで見えるという。この鳥居の下をくぐった人間は、8割の確率で命をうばわれるといわれている。ご先祖様に守られて助かる可能性もあるそうだ。出現する鳥居の数は、目撃する人間の年齢によって変わるという。また、雨の日には出現しないらしい。

この宙に浮かぶ鳥居は、ある特定の家系の人間のところにあらわれることがわかっている。だが、なぜその家系の人間だけが目撃するのか、そして鳥居をくぐると死んでしまうのはなぜかは不明である。

調査レポート

この話は2009年にインターネット掲示板に書きこまれた。鳥居をくぐった男性は、地元のユタ（沖縄のまじない師）に命を救われたと書いているので、鳥居は沖縄県と関係があるのかもしれない。

調査レポート

栄光の手は、ヨーロッパではどろ
ぼうが使うアイテムとして昔から
有名なようだ。魔術書などには、
さまざまな栄光の手の絵が描かれ
ており、魔女や魔法使いが作って
使う魔道具として知られている。

栄光の手

人間の手で作った不思議な力をもつ蝋燭

人間の手を材料にして作られた、おそろしい蝋燭としょく台（蝋燭を立てる台）。栄光の手は、強い魔力が秘められた魔術的なアイテムだという。火をともせば持つ者のすがたが見えなくなり、周りの者は動けなくなってねむってしまう効果があるといわれている。そのため、昔からどろぼうが他人の家にしのびこむときに使い、家の者をねむらせている間に物をぬすんでいたそうだ。

この蝋燭の作り方は次のように伝わっている。死刑になって死んだ犯罪者の左手を乾燥させてしょく台にし、その人物の脂肪を使って作った蝋燭を立てる。ちなみに栄光の手の炎は水では消せず、牛乳をかければ消すことができるという。

データ

危険度	★★★	場所	家の中など
国・地域	ヨーロッパなど	時代	不明
特徴	人間の手で作られたしょく台。火をつけると自分のすがたが消え、周りの人をねむらせる。		

現象

ヒップホップ
ババア

ラップをノリノリで歌うおばあさんの怪人

2000年代にインターネット上で流行った噂話。ある仲のよい老夫婦が、どちらが先に死んでもさみしくないように壁にうめると約束した。おばあさんが先に死に、おじいさんはおばあさんを壁にうめた。その後、壁からは「じいさん」とよぶ声が聞こえるので、そのたびにおじいさんは「ここにいるよ」と答えていた。

ある日、村の若い男性が留守番をすることになり、壁からおばあさんの声がしたときに「じいさんはいない」と言うと、「じいさんはどこだあ！」と大声が聞こえ、壁からおばあさんがあらわれた。すると、どこからか出現したスポットライトに照らされ、おばあさんは、ノリノリでラップを歌い始めたという。

データ

怪人

危険度 ★★★	場所 家
国・地域 日本	時代 現代

特徴 死んで壁にうめられたおばあさんが、とつぜん出てきてノリノリでラップを歌い始める。

『ヒップホップババア』

おばあさんの見事なラップ

　壁からあらわれたおばあさんは、次のようなラップを歌い出したという。「ここでTOUJO！　わしがONRYO！　鬼のGYOUSO！　ばあさんSANJYO！　違法なMAISO！　じいさんTOUSO！　壁からわしがよぶGENCHO！　年金減少！　医療費上昇！　ボケて大変！　食事の時間！　冷たい世間を生きぬき！　パークゴルフで息ぬき！　どこだJI-I-SA-N老人MONDAI！　そんな毎日リアルなSONZAI！　SAY HO！」。

　このラップを聞いたものはみな「本物のヒップホップだ」と感動するそうだ。

↑ヒップホップには欠かせないスポットライト。

2つの話が合体して生まれた怪談

ヒップホップババアには、じつは2つの話が合体したものらしい。

ひとつは、広島県に伝わる「じいさん、おるかい」という昔話だ。おじいさんが、死んだおばあさんを押し入れに入れた。すると押し入れからおばあさんの声が聞こえるようになったという話だ。

もうひとつはいつからかインターネットに書きこまれた話で、夢の中で会社の新入社員が会合で発表するのをためらっていたら、とつぜん社長が登場してラップを歌い始めるというものだ。

このようにまったく異なる話が組み合わさることで、ヒップホップババアというとんでもない怪人が生まれたのだ。

➡広島県の昔話では押し入れの中から声が聞こえた。

床下にかくす死体

仲のよい老夫婦が、先に死んだほうの死体を家に置くという昔話は他にもある。九州南東部の民話では、おばあさんの死体を床下にうめたら「じいさん、おるかい」と声が聞こえるようになった。しかし、お坊さんにそれはよくないと説教され、お墓に入れたそうだ。

9-1面のステージでプレイできるのは、「地上を泳ぐコース」「ただ落下するコース」「雲ばかりのコース」などだったという。通常のプレイではあり得ないコースがたくさん登場すると話題になったそうだ。

9-1面

国民的ゲームに出現するまぼろしのステージ

とある国民的なゲームにまつわる都市伝説。このゲームは1980年代に登場した横スクロール型のアクションゲームで、8つのステージにある各コースをクリアしていく。ところが、とある裏技を使うと、まぼろしの9つ目のステージ「9−1面」に行くことができるという。

9面に行くには、もう1本別のゲームソフトを用意する。電源を切らずにゲーム機からソフトをぬくなど強引な方法のため、試そうとしてゲーム機やソフトをこわした人もいたそうだ。のちにゲーム制作時のバグ（プログラムのミス）であることがわかったが、この裏技はインターネットを通じて話題になり、実際に試すプレイヤーが多かったという。

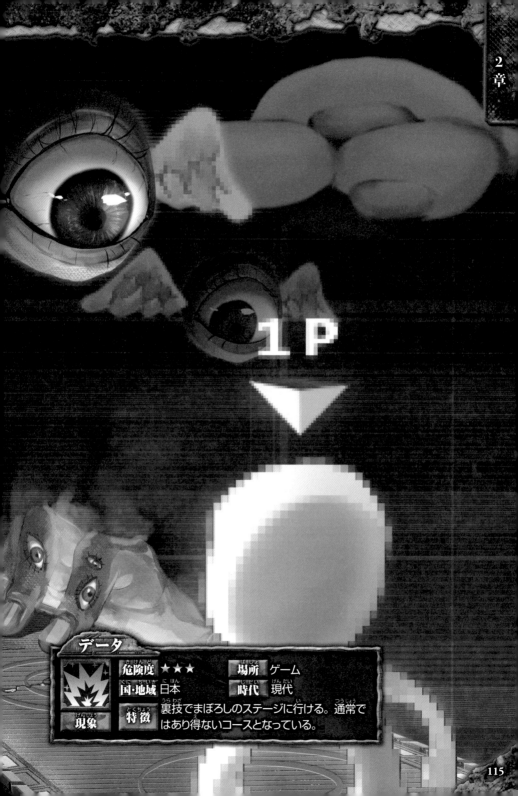

1P

データ

危険度	★★★	場所	ゲーム
国・地域	日本	時代	現代
現象	特徴	裏技でまぼろしのステージに行ける。通常ではあり得ないコースとなっている。	

115

インターネット発の都市伝説

2000年以降、インターネットをだれもが使うようになったことで、都市伝説はそれまでにない広がりを見せるようになった。

それまでは身近な友だちに話す形で少しずつ伝わっていた都市伝説が、一度インターネットを通じて世に出てしまえば、世界中の人が知ることができる。またサイトにのった文章は、簡単にコピー＆ペーストができるので、ひとつの都市伝説がまたたく間にたくさんのサイトにのるようになったのだ。

また、このころから、インターネットから新しい都市伝説が生まれるようになる。2000年代に流行していたインターネット掲示板では、「こわい話」が人気ジャンルのひとつだった。その掲示板には、自分が体験した話や人から聞いた話がどんどん集まり、中には創作されたものもあったそうだが、ものすごい数になった。この中から、「八尺様」や「きさらぎ駅」、「巨頭オ」といった今ではすっかり有名な都市伝説が生まれた。

現在、人気だった掲示板はすでにないが、インターネットからはこれからもどんどん新しい都市伝説が生まれていくだろう。

➡現在もインターネットを通じて都市伝説は広まり続けている。

3章

戻レナイ場所

今いる場所は、本当に安全で守られた空間だろうか。怪異が
はびこっていることに、ただ気づいていないだけではないだ
ろうか。気づいたころにはもうおそい。取り返しがつかない
ほどに、怪異はこの世界をすでに支配しているかもしれない。

データ			
	危険度 ★★★	場所	道路など
	国・地域 アメリカ	時代	現代
怪人	特徴	片腕が鉤爪の怪人で、車にいる人をねらっておそう。正体は殺人鬼だといわれている。	

アメリカで噂のクロプシーという怪人も、鉤手の男のように鉤爪を武器としている。クロプシーは夜な夜な町にあらわれ、1人でいる子どもをつかまえて鉤爪で腹を引きさき、内臓を食べるという。

鉤手の男

するどい鉤爪で人をおそう殺人鬼

アメリカで語られているおそろしい怪人の都市伝説。鉤手の男とは、片手を失っており、代わりに鉤爪をつけているためにそうよばれている怪人だ。男はおそろしい殺人鬼で、車に乗っている人たちをねらうことが多く、見つかれば殺されてしまう可能性が高いという。

あるとき、車のラジオでこの男の情報を聞いた2人組がこわくなり、急いで家に帰った。無事に帰宅して車の外に出ると、ドアに鉤爪がぶら下がっていた。おそらく男が車に近づいてドアに鉤爪を引っかけたが、2人が男に気づかず車を発進させたため、鉤爪が外れてドアに引っかかってしまったのだろう。鉤爪の男の正体はよくわかっていない。

アガリビト

自然に帰ってしまった元人間の怪人

インターネットで噂されている、九州地方の北部の山にくらしている怪人の都市伝説。アガリビトとは、元は人間だったものが野生化して人間ではない何かになったとする説が有力だ。アガリビトは人間のような見た目をしているが、奇妙な点が多い。その特徴は、年齢が不明で若者にも老人にも見える、髪は長く、ギラギラとした目は大きい、服を着ていない、ロボットのようなぎこちない歩き方をする、などだ。

人間がアガリビトになるには、人工物に触れない、ほかのアガリビトに出会うなどの条件があるようだ。

今後、もっと多くの目撃情報が集まれば、よりくわしい正体が明らかになるかもしれない。

データ

怪人

危険度	★★★
国・地域	日本
場所	山奥
時代	現代

特徴 自然豊かな山に住む怪人。元は人間だが、年齢が不明、歩き方が変など奇妙な点が多い。

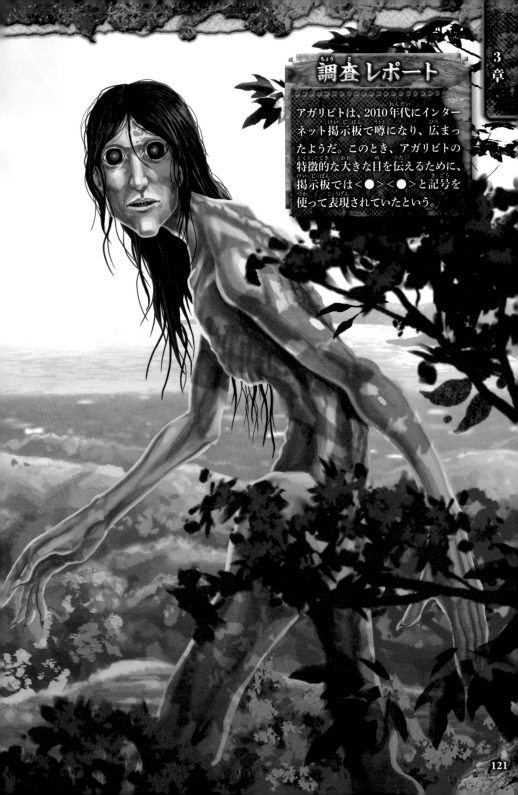

調査レポート

アガリビトは、2010年代にインターネット掲示板で噂になり、広まったようだ。このとき、アガリビトの特徴的な大きな目を伝えるために、掲示板では＜●＞＜●＞と記号を使って表現されていたという。

人を一瞬でちがう場所に運ぶ悪霊 ー

ヒチマジムン

　沖縄県に伝わる悪霊にまつわる都市伝説。沖縄では悪霊を「魔のもの」という意味で「マジムン」とよんでいるという。

　ヒチマジムンはマジムンの一種で、人をまどわせて遠い場所に運んでしまう悪霊だ。どのようなすがたかは伝えられていないが、ひと晩で100kmも走り、水上も走れるともいわれている。ヒチマジムンがいつどこであらわれるのかは不明だが、もし出会ったら、ヒチマジムンは「赤飯と白飯のどちらがいいか？」と聞いてきて、赤飯と答えると赤土を食べさせ、白飯と答えると海まで運んで波の泡を食べさせるという。昔、ある少女がヒチマジムンにさらわれたことがあり、岩山、海岸、深い山奥など、一瞬でいろいろな場所に運ばれ続けたと伝えられている。

データ

危険度	★★★	場所	道など
国・地域	日本・沖縄県	時代	現代
霊魂	特徴	ひと晩で100kmも走り、人を運ぶ。「赤飯と白飯のどちらがいいか」と聞いてくる。	

『ヒチマジムン』

沖縄にくらす妖怪や精霊

沖縄にはあらゆる物や場所に精霊が宿っているとされ、人間とともに生きてきた。魔物であるマジムンは、悪いことをする妖怪だ。いろんな種類が存在し、ヒチマジムンもそのひとつである。マジムンにまたの下をくぐられると死んでしまうといわれている。

一方、キジムナーという精霊もいる。沖縄に生えているガジュマルなどの古木にくらす、いたずら好きの精霊だ。魚をとるのが上手で、仲よくなると大量の魚をとってお金持ちになれるという。

ぶながや（➡P30）は、キジムナーと同じ妖怪だとされることもある。

➡キジムナーがくらすというガジュマルの木。

沖縄の妖怪たち

沖縄には、ヒチマジムンやぶながや以外にも妖怪にまつわる言い伝えがたくさんある。たくさんの妖怪の中から、その一部を紹介しよう。

ウヮーグヮーマジムン

ブタの妖怪。夜に蛇皮線（沖縄の三味線のような楽器）をひいていると、人のすがたのウヮーグヮーマジムンが参加してくる。ある歌をうたえばにげていくという。

ブタのすがたのままであらわれた場合は、またの下をくぐられると魂がぬかれて死んでしまう。

片足ピンザ

「ピンザ」とはヤギのことで、前足が2本、後ろ足が1本のヤギの妖怪だ。片足ピンザに頭の上をとび越えられると死んでしまうという言い伝えがある。

そのため、もし片足ピンザにとび越えられそうになったときは、足をつかまえれば助かるという。

アカマター

アカマターとは、森や人の家の近くでくらしている赤と黒のもようのヘビだ。夜に行動し、人をおそう危険な妖怪だという。

アカマターは大きくなると、しっぽで地面に文字を書き、女性をだますようになるという。女性にはアカマターは美男子にしか見えないため、書かれた文字を消さないとにげられないそうだ。

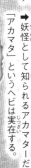

➡妖怪として知られるアカマターだが、「アカマタ」というヘビは実在する。

巨大な二枚貝の頭をもつ海の怪物

貝頭

海で目撃された怪人の都市伝説。目撃者によると、ある夏の夕方にウニをとろうと近所の海にもぐりに行ったという。ウニや貝がじゅうぶんにとれたので海からつき出た岩で体を休めていた。すると、真っ黒なスウェットスーツと赤いシュノーケルを着けた人が、夕日を背にこちらに向かって泳いできた。逆光のなか、その人物が海面から顔を出すと、人間の頭があるはずの場所に巨大な貝がついていたのだ。

貝殻を開いて水管を出している二枚貝の頭部をもつ怪物は、浜まで泳いでにげる目撃者を追ってきた。命からがらなんとか家までにげることができて助かったが、一生忘れられない恐怖体験だったそうだ。

調査レポート

貝頭は、追いかけるときにひざくらいの浅いところでも顔をつけて泳いでいたそうだ。これらの情報は、インターネットに書きこまれたことで噂になった。貝頭についてはさまざまな謎が残っている。

データ

怪物

危険度	★★★	場所	海
国・地域	日本	時代	現代

特徴　頭が二枚貝でできた怪人。黒のスウェットスーツと赤いシュノーケルを身につけている。

ワッショイ幽霊

祭りのかけ声とともにあらわれる陽気な幽霊

日本のある地域にある、特定の部屋に出現する幽霊の都市伝説。「ワッショイ、ワッショイ」というかけ声とともに複数の幽霊があらわれ、楽しそうにおどりながら、家の家具や家電などを運び出していくという。人を攻撃するという噂はない。また、ワッショイ幽霊のすがたは目に見えないためか、語られていない。

あるとき、家主は真夜中に目が覚めるととつぜんかなしばりにあった。するとどこからか複数名の祭りのかけ声が聞こえてきて、ワッショイ幽霊があらわれたという。幽霊は家主の布団のまわりでおどったあと、家具などを部屋の外に運んでいったそうだ。家主のその後や、家具はどこへ消えたのかは不明だ。

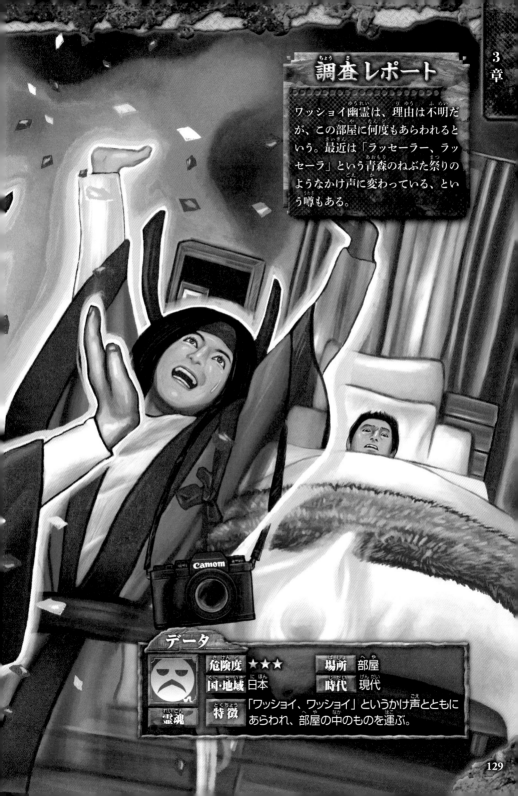

調査レポート

ワッショイ幽霊は、理由は不明だが、この部屋に何度もあらわれるという。最近は「ラッセーラー、ラッセーラ」という青森のねぶた祭りのようなかけ声に変わっている、という噂もある。

データ

危険度	★★★	場所	部屋
国・地域	日本	時代	現代

霊魂　特徴　「ワッショイ、ワッショイ」というかけ声とともにあらわれ、部屋の中のものを運ぶ。

心霊写真が噂になったのちに、この怪人の正体は、洋服店の前に飾られていたマネキンではないかとする説がささやかれている。ただしその店は今はなく、真相は不明のままだ。

下北沢ののっぺらぼう

商店街を歩く顔のない女

下北沢という東京にある街の商店街で目撃されたのっぺらぼうの怪人にまつわる都市伝説。

この怪人は、長い髪に真っ白な肌、目や鼻、口はなく、のっぺらぼうのような顔をしている。体は人形やマネキンのようにどこか不自然な見た目をした女で、あきらかに異様な見た目をしているにもかかわらず、その周囲にいる人たちは気にせず通行していたという。

この怪人が写りこんだ写真がインターネットに掲載され、それを見た人の間で心霊写真ではないかと話題になったことで広まったようだ。

はたして、このっぺらぼうの正体は人間なのか、幽霊なのか、なぞは深まるばかりだ。

データ			
危険度	★★★	場所	下北沢の商店街
国・地域	日本	時代	現代
怪人		特徴	商店街の写真に写っていたのっぺらぼうの怪人。マネキンのような見た目をしている。

山けらし様<ruby>山<rt>やま</rt></ruby>けらし<ruby>様<rt>さま</rt></ruby>

データ

<ruby>怪<rt>かい</rt></ruby><ruby>人<rt>じん</rt></ruby>	<ruby>危険度<rt>きけんど</rt></ruby> ★★★	<ruby>場所<rt>ばしょ</rt></ruby>	<ruby>山<rt>やま</rt></ruby>
	<ruby>国<rt>くに</rt></ruby>・<ruby>地域<rt>ちいき</rt></ruby> <ruby>日本<rt>にほん</rt></ruby>	<ruby>時代<rt>じだい</rt></ruby>	<ruby>現代<rt>げんだい</rt></ruby>

<ruby>特徴<rt>とくちょう</rt></ruby> <ruby>山<rt>やま</rt></ruby>の<ruby>神様<rt>かみさま</rt></ruby>の<ruby>子<rt>こ</rt></ruby>どもで、<ruby>白<rt>しろ</rt></ruby>いシャツにスカートをはいた<ruby>少女<rt>しょうじょ</rt></ruby>のすがたをしている。

人間を助けてくれる山の神様の子ども

山の神様にまつわる都市伝説。山けらし様は山の神様の子どもで、人間の味方だ。6～7歳くらいの少女のすがたをしていて、髪型はセミロング、白っぽいシャツを着ていてスカートをはいているという、一見ふつうの女の子の服装だ。

山けらし様に助けてもらったという学生の話によると、学生が夜に自転車で山を越えて家に帰ろうとしたら、とつぜんうめき声とともに何かが背中に落ちてきた。学生は恐怖でふり向けないまま自転車をこぎ続けたら、道に山けらし様があらわれた。彼女は学生の太ももをはらうと「安心して？」と笑い、去っていった。すると背中の重みが消え、声も聞こえなくなったという。

調査レポート
『山けらし様』

わらじをお供えする

山けらし様は、山の神様の子どもといわれている。山の神様は、ひと月に1人ずつ子どもを産むため、山けらし様は全部で12人いるそうだ。そのため、12月12日などの「12」がつく日は、山の神様をお祀りする日として、今でも山仕事をひかえる風習があるという。

また、山けらし様に助けてもらったときは、山けらし様がはくための「わらじ」を12足供えるといいといわれている。助けてもらった学生はこの風習にならって、わらじの代わりに子ども用のスニーカーを自分の小遣いで買って供えたということだ。

↑山けらし様にはわらじを供える風習があるという。

人間を見守る妖怪「送り犬」

山けらし様のように、夜の山道にあらわれて人間を見守る妖怪がいる。「送り犬」という妖怪で、名前のとおり犬に似たすがたをしているという。地域によっては「送り狼」ともよばれている。

送り犬は、山道を歩く人の様子をうかがいながら後ろから着いてきて、山を越えるまで見守ってくれるという。無事に山を越えられたら、お礼として片方のぞうりを投げてわたすと、送り犬は喜んで去っていくそうだ。

山道を歩く人間を守ってくれるところは

山けらし様と近いが、送り犬の場合、山で転んだ人間におそいかかり食べてしまうというこわい一面もあるといわれている。

➡江戸時代の『狂歌百物語』に描かれた「送り狼」。

山で出会った化け物

山けらし様に助けられた学生をおそった化け物の正体は不明だが、夜道にあらわれて背中に取りつく化け物はたくさんいる。たとえば「おばりよん」という妖怪は夜道を歩く人の背中にとつぜん飛び乗り、その体はどんどん重くなっていくそうだ。

ティッシュスライム

空になったティッシュ箱に住む緑色の化け物

ティッシュ箱の中にいるというスライム状の怪物にまつわる都市伝説。そのスライムは半透明の緑色をしており、目玉がついているという。

目撃者が子どものころ、ジュースをこぼしたのでティッシュでふいた。ティッシュ箱が空になり、ふとのぞくと、箱の中には夜道を照らす街灯が見え、風がふくのを感じた。穴の中から手を入れると、風を感じることができたそうだ。そのとき、指先がぬれたような感じがしたので、あわてて指を引きぬくと緑色のスライムがくっついていた。おどろいた目撃者は手をあらったが、指には水ぶくれができてしまったという。その後、ティッシュ箱をのぞいても中には何もなかったそうだ。

データ

危険度	★★★	場所	ティッシュ箱
国・地域	日本	時代	現代
怪物	特徴	空のティッシュ箱に現れる緑色をしたスライム。半透明で目玉がついている。	

調査レポート

この都市伝説には後日談がある。目撃者が次の日に学校へ行くときに、家の近くで昨日見た緑色のスライムのかけらが動いているのを発見した。目撃者は思わずふみつぶしてしまったそうだ。

データ

危険度	★★★	場所	部屋
国・地域	日本	時代	現代

怪物

特徴　人間の家にあらわれ、あらゆるリモコンをかくす。その正体や目的は謎に包まれている。

リモコンかくし

リモコンをかくす正体不明の妖怪

　家にあらわれる怪人の都市伝説。その名のとおり、テレビやエアコンなど、家にあるさまざまなリモコンをかくしてしまう怪人。人間が目をはなしたすきに、リモコンをどこかへ持っていってしまう。この妖怪にかくされたリモコンは、いくら探しても見つからず、あるとき思いもよらない場所から出てくることがある。

　また、身をかくすことが得意で、すがたを目撃した人間はいない。
　いつごろからリモコンかくしの存在が語られはじめたかは不明だ。リモコンかくしがどんなすがたか、どのくらいの数がいるのか、どのようにリモコンを持っていくのか、なぜリモコンをかくすのかなど不明な点が多く、謎に満ちた妖怪だ。

遊園地の男の子

遊園地にまつわる都市伝説。

とある遊園地のアトラクションの中に、本物の幽霊がまぎれこんでいるという。噂のアトラクションは、乗り物に乗りながらセットをめぐってストーリーを体験するもので、リアルな人形の中に男の子の幽霊がひっそりとまじっているという。特に何かをしてくるわけではないようだ。その他、アトラクションの最後に登場する幽霊だけは本物という噂もある。

似たような都市伝説は別の遊園地にもある。2人乗りのカートに乗りながら見学するタイプのおばけやしきで、昔から「人影を見た」「かたをたたかれた」「耳元でささやく声が聞こえた」といった噂が絶えなかったそうだ。

140

調査レポート

遊園地にまつわる噂は多い。秘密の地下通路や会員制の秘密クラブがある、遊園地のトイレで連れ去られた子がいるなど。多くの人が集まる場所だからこそこわい伝説が生まれやすいのかもしれない。

データ

危険度	★★★	場所	遊園地
国・地域	日本	時代	現代

霊魂

特徴 アトラクションのリアルな人形の中に男の子の幽霊がいる。特に何かするわけではない。

調査レポート

噂によると、少年が缶ジュースを開けたとき「飲んでくれてありがとう」と缶の中から声が聞こえたそうだ。缶の中に何かがいるのか、缶そのものが本体なのか、この怪物の正体は不明なままだ。

データ

危険度	★★★	場所	自動販売機
国・地域	日本	時代	現代
特徴	白いパッケージの缶ジュースのすがたの怪物。飲んだ人を引きずりこみ骨をはき出す。		

怪物

142

血液ジュース

人間を引きずりこむ缶ジュースの化け物

　缶ジュースのすがたをした怪物の都市伝説。この怪物は真っ白なパッケージの缶ジュースのすがたをしていて、ふつうに町の自動販売機で売られているという。缶を開けた人間を中へ引きずりこみ、骨だけにしてはき出してしまう。このジュースを飲むと、血の味がするそうだ。

　インターネットの掲示板に登場された噂によれば、夜中にマラソンの練習をしていた少年が、自動販売機でこの血液ジュースを買った。すると缶ジュースの口から白い手があらわれ、あっという間に少年を缶の中へ吸いこんだ。その後、少年の骨が缶の口からはき出され、缶は何事もなかったかのように、自動販売機の中にもどったそうだ。

調査レポート

「にやりにやり」の正体は、人を化かそうとする狐ではないかという説が有力だ。目撃された地域の人によると、人を呪ったり攻撃したりするようなことはなく、おどろかせることだけが目的のようだ。

データ

危険度 ★★★		**場所**	山奥の神社など
国・地域 日本		**時代**	現代
怪物	**特徴**	あらゆるものに顔があり、にやにやと笑って見える現象。正体は狐かもしれない。	

にやりにやり

あらゆる物がにやりと笑うように見える怪異

　日本のとある山深い地域で、昔から知られているという都市伝説。「にやりにやり」とは、あらゆるものが口を開けてにやりと笑うように見える怪異だという。元々、顔がないものにもその現象は起きるそうだ。

　インターネットに書きこまれた情報によると、夏祭りが行われていた神社で「にやりにやり」が目撃されている。ある少女は、まず神社にあった絵馬に描かれた馬がにやりと笑って見えた。さらには、出店で買ったトウモロコシの1つぶ1つぶに小さな口があり、にやにやを笑い出したというのだ。おそろしくなった少女は気を失ってしまい、目覚めてからは「にやりにやり」を見ることはなくなったという。

ダッガコドン

人を連れ去ろうとする子どものすがたをした怪人

　小学校低学年くらいの子どもの
すがたをした怪人にまつわる都市伝
説。遊んでいたりねていたりすると、
気がつけば彼らがそばにいる。もし
正体を知ろうとすれば、どこかへ連
れ去られたり殺されたりするそうだ。
　目撃情報によれば、ある男性が実
家でねていたら午前3時ごろに目が
覚め、子どもの声を聞いた。すると

体が動かなくなり、まるで双子のよ
うにそっくりな2人のダッガコドン
が部屋に入ってきた。男性はだれだ
ろうと思いながら子どものほうを向
くと、子どもと目が合った。1人が
男性を連れていこうとしたが、もう
1人が部屋に置いてあった神社の厄
よけのお札に気づいたため、やめて
2人は去っていったという。

データ

	危険度	★★★	場所	家など
	国・地域	日本	時代	現代
怪人	特徴	いつの間にかあらわれ、自分の正体を知ろうとするものを連れ去ったり殺したりする。		

危険度	★★★	場所	電信柱の上
国・地域	日本	時代	現代

怪人　　特徴　電信柱の上に立っている怪人。長い髪と青白い顔で、黒い服を着ており、にやりと笑う。

電信柱女

電信柱の上に立ってほほ笑む女の怪人

インターネットの目撃情報が書きこまれた怪人にまつわる都市伝説。

電信柱女とは、電信柱の上に立っている怪人で、長い髪で顔は青白く、黒い服が特徴だ。目撃者は、夜の公園を歩いて帰宅中に、1本だけみょうに高い電信柱に気づいたという。よく見ると、電信柱が高いのはてっぺんに女が立っているからだった。女は前のめりになっているのか体に対して頭が大きく、青白い顔が飛び出すように夜の闇の中に浮かび上がっていたという。電信柱の上で、女は笑っていたそうだ。

こわくなって目撃者は急いでにげたが、別の日にその電信柱を見ても何もいなかった。その後、女がどこへ行ったのかは不明である。

年越しの鏡

データ

危険度	★★★	場所	家など
国・地域	日本	時代	現代
現象	特徴	年越しの瞬間に、何かに映る自分を見てしまうと、次の年に不幸になるという都市伝説。	

自分の死ぬときの
すがたが映ってしまう

神宮 カウントダウン

　1年の終わりの12月31日、大みそかの夜にまつわるおそろしい都市伝説がある。年が変わる瞬間に、自分のすがたが鏡などに映っていると、そこに映るのは死んだ自分のすがたなのだという。

　しかも、もしその鏡に映った死んだ自分のすがたを見てしまった場合、来年の年越しができない…つまり1年以内に死んだり、不幸が訪れたりしてしまうといわれている。

　自分を見る方法は、鏡に限らず、テレビのモニタやスマホの黒い画面、ガラスや水面の反射など、自分が映るものすべてが当てはまるという。これを防ぐには、年越しの前にねてしまうしか方法がないようだ。そうすれば、年越しの瞬間に自分が何かに映るのをさけることができるだろう。

調査レポート

近年は、年越しの瞬間の記念にスマホで自撮りをする人も多いかもしれない。この都市伝説は、自撮りの場合も、当てはまるので、もし自撮りをしてしまうと次の年は不幸が訪れるかもしれない。

湖の目

台湾の旧暦7月は「鬼月」とよばれ、あの世へのとびらが開き、あらゆる霊がこの世にもどってくる月とされている。この時期には、湖だけでなく周辺の建物にも幽霊があらわれるという。

湖にうかび上がる無数の顔や目

台湾にある「日月潭」という湖にまつわる都市伝説。この湖でボートをこいでいると、ときどき水の中に人の顔があらわれることがあるという。また、水面に無数の目があらわれることもあるといい、カッと見開いた目がいっせいに目撃者を見てくることもあるそうだ。夜になると、湖のほうから鳴き声が聞こえてくる

という噂もあり、見に行った人がおぼれ死んだという話もある。

この湖は、台湾で最大の湖で人気の高い観光地だが、昔からなぜか船の事故が多く、多くの観光客が亡くなっているという。水面の顔や目は、湖で亡くなった観光客の亡霊で、生きている人を湖に引きずりこもうとしているのかもしれない。

データ

危険度	★★★	場所　湖
国・地域	台湾	時代　現代

霊魂

特徴　湖に無数の顔や目があらわれて見てくる。湖からすすりなく声が聞こえることもある。

でどでん
こめんさん

死者をおそれる、こわがりな鬼

　今から約200〜400年前の江戸時代、ある地域にあらわれた鬼にまつわる都市伝説。その鬼は背が高く、肌は赤く、はでな服を着ていた。いつも「で、どでん、こめん」とくり返すので、周囲から「でどでんこめんさん」とよばれていた。彼は鬼にもかかわらず、いつも何かにおびえていたために、気のどくに思った庄屋（当時の村長）が、倉に住まわせてやったという。だが、やがて海から鬼の仲間がきて、でどでんこめんさんを連れ帰ったそうだ。

　鬼がつぶやいていた「でどでんこめん」という言葉は、オランダ語で「死者が来る」という意味とする説がある。鬼を連れ帰ったのは、すでに死んでいる者たちだったのか。

データ

危険度 ★★★		場所 町
国・地域 日本		時代 江戸時代

怪人

特徴　江戸時代にいたこわがりな鬼。「で、どでん、こめん」という謎の言葉をつぶやく。

『でどでんこめんさん』

鬼の正体はオランダ人?

でどでんこめんさんという鬼や、彼の仲間は何者だったのだろうか。一説によると、でどでんこめんさんは、日本近郊で沈没したオランダ船の生き残りの乗組員で、出島（江戸時代の日本の貿易港）からにげてきたオランダ人。そして仲間とは、船で死んだ仲間の亡霊ではないかという。

オランダには古くから、海で死んだ死者が亡霊となり、幽霊船に乗って生者を求めさまようという伝説がある。もしかしたら、でどでんこめんさんは、船で死んだ仲間の亡霊からにげようとしていたのかもしれない。

↑江戸時代の出島。でどでんこめんさんはここからにげてきた？

さまよえるオランダ船の伝説

海からくる死者の話と似た伝説として、オランダには古くから「さまよえるオランダ船」という海をさまよう死者の話が伝わっている。

フライング・ダッチマン号という船が、喜望峰という岬の近くを航海中に嵐に見舞われた。しかし船長はそのまま航海を続け、結局船は沈んで乗組員は全員死亡し

た。このとき、船長は「嵐でも航海できる」とおごりたかぶったため、神に呪われ、幽霊船に乗って永遠にさまよい続けることになったといわれている。

以来、嵐のときは喜望峰に幽霊船が出るようになり、この幽霊船を見かけると必ず事故にあうといわれている。

→フライング・ダッチマン号（左奥）と、それを目撃する人々（手前）。

人間をおそう鬼も出没した

でどでんこめんさんのように、江戸時代には他にも鬼があらわれている。江戸時代の終わりごろ、「鬼娘」とよばれる2本のツノが

生えた女性のすがたをした鬼があらわれ、小さな子どもをおそって食べる事件があったそうだ。鬼娘は鉄砲で撃たれて死んだという。

この話は2000年にインターネットに書きこまれて広まった。「不幸の手紙」と「メリーさんの電話」を組み合わせたような特徴をもつ人形で、紙のとおりにするしか呪いからのがれる方法はないようだ。

1日ほかんした後
だれかに迷

呪いの宅配人形

呪いをふりまくおそろしい人形

何者かからとつぜん宅配便で送られてくる、呪いの人形にまつわる都市伝説。その人形は、古めかしい日本人形だが、足下まで長い髪をもち、頭や手にくぎが打たれている。目はつり上がり、口には血が流れたようなあとがあり、服は赤く染まっている。そして人形といっしょに「1日ほかんした後だれかに送れ」と書かれた紙が入っているという。

この宅配便を受け取った人は、この紙のとおりにすれば何事も起こらないが、もし人形を捨てたり燃やしたりすると、その人は人形に呪われて1年以内に死ぬという。また、人形を捨てたり燃やしたりしたその日の夜に人形が自宅にきて、気づいたら背後にいるという噂もある。

データ

怪物

危険度	★★★	場所	家
国・地域	日本	時代	現代

特徴 とつぜん家に送られてくる。古めかしい日本人形で、頭や手にくぎがささっている。

データ

危険度 ★★★	場所 神社の境内
国・地域 日本	時代 現代
怪人	特徴 青いジャンパーにグレーのズボンを身につけたひとつ目の怪人。子どもを見守る。

160

単眼オヤジ

子どもたちを見守る心優しきひとつ目の怪人

岐阜県にあるとある神社の境内にあらわれた、ひとつ目の怪人の都市伝説。単眼オヤジの特徴は、10cmほどの大きさのアーモンド形の目がたったひとつ、顔についている。服装は青いジャンパーにグレーのズボンを身につけているそうだ。こわい怪人ではなく、まるで父親が子どもを見守るような、やさしい存在でこわくないという。

目撃情報によると、あるとき、2人の兄弟が日暮れまで神社の境内で遊んでいた。すると単眼オヤジがどこからともなくあらわれ、「早く帰らないとヒトにとられるぞ。（ゆうかいされるという意味）」と声をかけ、神社の裏へ消えていった。その声色はとてもやさしかったそうだ。

	データ			
	危険度	★★★	場所	街など
	国・地域	日本	時代	現代
現象	特徴	たくさんのこわい都市伝説をもつ童謡。歌い終わるとオノで首を切られるなどの噂がある。		

かごめかごめ

童謡に秘められたおそろしい噂

「かごめかごめ」は昔からなじみのある童謡だ。この歌には、じつはたくさんのおそろしい噂が存在する。例えば、夜中の12時ちょうどに歌い始めると、最後の「うしろの正面だあれ」という歌詞を言い終わってふり向いた瞬間に、急にオノが飛んできて首を切られてしまうといった都市伝説があるのだ。

ほかにも、「手をつないだ子どもたちが真ん中の子を囲んで歌うのは霊を呼ぶ儀式で、真ん中の子に霊がのりうつる」、「電話ボックスを囲んでこの歌を歌うと電話ボックスの中にいた人が死んでしまう」、「歌詞の『かごの中の鳥』とは、ろうやにつかまった人を意味している」など、たくさんの噂がある。

『かごめかごめ』

もとは地蔵をよび出す儀式だった!?

「かごめかごめ」を歌って遊ぶと、おそろしいことが起きるという噂はまだまだある。最後の歌詞である「うしろの正面だあれ」のあとに、名前をよばれた子どもは消えてしまうなどである。

なぜ「かごめかごめ」には怪しい噂がつきまとうのだろうか。一説には、この遊びは、「地蔵遊び」という遊びがもとになっているという。これは、円の中心にいる人物に地蔵をよびよせ、周りを囲んでいる人たちが神様のお告げを聞く儀式を遊びにしたもので、不思議な力をよびよせてしまうのかもしれない。

➡「かごめかごめ」で遊んでいる子どもたち。

童謡や遊びにひそむ怪異

だれもが知っているわらべ歌や子どもがする遊びの中に、じつはおそろしい秘密があったとしたら？　日常の遊びにかくされた噂を紹介しよう。

サッちゃん

童謡の「サッちゃん」には知られざる4番の歌詞があるという噂がある。4番まで歌ったり、聞いたりしてしまうとサッちゃんが夜中にやってきて、仲間にするためにあの世に連れ去るという。にげる方法は、まくらの下にバナナを描いた絵を置くことらしい。

花いちもんめ

「花いちもんめ」には「あの子がほしい」「相談しましょ」などの歌詞がある。これは、子どもを売るときの言葉ではないかとする都市伝説がある。昔はお金のために子どもの売り買いがおこなわれていたため、子どもが連れていかれる様子をあらわしているという。

童謡「あめふり」

童謡の「あめふり」を3番まで歌うと、その日の夜に幽霊が出現するという噂がある。その幽霊の正体は3番の歌詞「あのこは　ずぶぬれだ」のあの子のこ

とで、池でおぼれて亡くなった子どもなので、ずぶぬれなのだという。

　3番を歌うと、自分がよばれたと思い、やってくるのだそうだ。

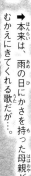

➡ 本来は、雨の日にかさを持った母親がむかえにきてくれる歌だが…。

新宿駅の地下にねむる秘密の地下街

　新宿駅の地下には、出入りを禁止された秘密の古い地下街があるという都市伝説。

　インターネットの噂によると、新宿駅のどこかにある長い階段を降りていくと地下2階にたどり着くことできる。そこにはボロボロの家屋が並ぶ地下商店街があり「井戸を探しています」という戦時中のはり紙がそのまま残されているという。また、地下街のどこかにある立ち入り禁止のドアから、地下5階まで降りられるという噂もある。だが、実際に新宿の地下が開発されたのは戦後のため、戦時中のはり紙があるのはおかしいという意見もある。

　はたして新宿の地下街の噂は本当のなのか、真相は不明のままだ。

新宿駅地下街

データ

危険度	★★★	場所　新宿駅
国・地域	日本・東京都	時代　現代
現象	特徴	新宿駅の地下には、秘密の地下街がある。戦前に作られたもので、作られた目的は不明。

子どもの遊びの意味

童謡や遊び歌など、子どもが楽しむ遊びの裏にはおそろしい意味がある、という都市伝説は数多い。「かごめかごめ（→P162）」にまつわるこわい噂もそのひとつだ。昔から、子どもの遊びは神聖な儀式に通じているものが多い。鬼ごっこは、人をおそうおそろしい鬼という存在をまねした遊びだ。鬼をはらう節分の豆まきは、このような邪悪な存在である鬼を追いはらう儀式がもとになっているという。

正月の遊びとしておなじみのたこあげや羽根つきも、じつは深い意味がある。正月にたこあげをするのは、子どもの健康や成長を祈る意味がある。羽根つきは、羽根がついた球を羽子板とよばれる木の板で打ち合う遊びだ。球には魔除けの効果があると信じられていた木を使っていたため、新年に羽根つきをするのはその年の厄払いになるといわれていた。

ちなみに、正月は異界にまつわる重要な日だ。1月1日は歳神様（祖先の霊）を異界からおむかえする日だ。正月に家の前にかざられる門松は、異界からやって来る歳神様のための門であり、悪いものは入らないようにするための結界だという。玄関にかざるしめかざりも、歳神様をおむかえする神聖な場所を示すためのかざりである。

↑子どもの成長を祈っておこなわれる、お正月の遊びであるたこあげ。

168

消エユク時間

ねじれた時空に取りこまれてしまえば、今までと同じように過ごすことは不可能だ。過去も未来も存在しない世界で、うつろい、ただようだけの影となる。それまで生きてきた証はうばわれ、大切な思い出も闇にうばわれてしまうだろう。

現実にあらわれて人を連れ去る夢の老婆

　夢の中に何度もあらわれる老婆のすがたをした「夢婆」という怪人の都市伝説。夢婆は紫色のスカーフと黄色いカーディガンを身につけ、ダイヤの指輪を指にはめ、歯はすべて金歯という特徴をもつ。気に入った子どもの夢に何度もあらわれ、やがてその子が成長すると、現実世界にむかえにくるという。

　とある男子高校生は、小さいころに何度も夢婆を夢で見たという。成長するにつれて見なくなったが、高校生になると夢婆がまた夢にあらわれ、「もうすぐむかえにいくよ」と言った。その後、彼は帰宅とちゅうの駅で本当に夢婆を目撃し、その次の日にゆくえ不明になったという。夢婆が彼を連れ去っていったのか。

	危険度	★★★	場所	夢
	国・地域	日本	時代	現代
怪人	特徴	お気に入りの子の夢に入りこみ、その子が成長したら現実にあらわれ連れ去っていく。		

170

夢婆
ゆめ
ばあ

『夢婆』

別の名前でよびかけてくる

この話は、2003年にインターネットの掲示板に書きこまれて噂になった。夢婆は、気に入った子どものことを「私のかわいいチェルシー、早く大きくなっておくれ」などのように、なぜか外国の名前でよびかけてくるという。

夢婆の夢を見たという別の男性の話によれば、夢婆から「トム」という名前でよばれたと語られている。その男性も、子どものころから何度も夢に夢婆が登場し、「私のかわいいトム、早く大きくなっておくれ」とよびかけてきたそうだ。本当に夢婆がむかえにきたかどうかは報告されていない。

➡夢婆は、小さいころに何度も夢の中に登場するという。

見てはいけない夢

　人間がねむっているとき、夢の中にすっと入りこんでくる怪人がいるらしい。見てはいけないという噂の夢にまつわる都市伝説を紹介しよう。

赤い本

　夢の中にあらわれる赤い本にまつわる都市伝説。夢の中で小学校にまよいこみ、謎の少女とかくれんぼをしながら、図書館にある赤い本を正しい本棚におさめなければならない。少女に見つかってしまったり、本棚をまちがえたりしたら夢から覚めないという。

白ひげ

　「白ひげ」という言葉を聞くと、夢の中にあらわれる白いおじいさんのすがたをした怪人。夢の中で「けん玉、なわ飛び、かけっこのどれをする」と聞いてくる。怪人と勝負をして勝てば助かるが、負けると殺され、現実でも死亡して人々の記憶から消されるという。

This Man

　世界中の夢の中にあらわれるという、「This Man（この男）」とよばれる謎の怪人。太いまゆ毛、ギラつく目をした中年男性のようなすがたをしている。これまで2000人以上の人がこの怪人を夢の中で目撃しているという。人間を攻撃するわけではなく、怪人が夢にあらわれる目的は不明だ。

➡世界中の夢にあらわれるというThis Manのイメージ。

illust：なんばきび／『世界の都市伝説大百科』より

データ

危険度 ★★★	場所	地上
国・地域 中南米	時代	現代

怪人

特徴 口笛をふきながら近づいてくる怪人。もし出会うと死んでしまうといわれている。

エル・シルボン

口笛をふきながら地上をさまよう少年の魂

農作業用のぼうしをかぶり、大きなふくろをかついでいる、中南米に伝わる少年のすがたの怪人。エル・シルボンが近づくと、口笛の音が聞こえてくるという。ただし、口笛が近くで聞こえるときは遠くにいて、遠くで聞こえるほど近くにいるという。もし出会ってしまうと死んでしまうというおそろしい噂がある。

エル・シルボンの正体は、かつて父親を殺したおそろしい少年だ。エル・シルボンのしたことに気づいた家族は、少年に死んだ父親の骨が入ったふくろをかついで平原を歩かせた。そして犬におそわせて少年は死んだが、少年には呪いがかけられたため、死んでも魂が地上をさまよい続けることになったという。

調査レポート

エル・シルボンはあまやかされて育ったという。ある日、彼は鹿肉が食べたいと父親にたのんだ。父親は狩りに出かけたが、鹿をしとめられなかった。そのために少年はおこって父親を殺したという。

175

高いところを登ることが大好きな怪人

ビルや鉄柱などの高い場所を、時速80kmほどの速さで登る怪人。見た目は人型だが手足が異様に長く、衣服はぼろぼろだという。人に危害はあたえず、ただ登ることが好きなようだ。

あるとき、会社の寮に住んでいた男性が深夜2時に帰宅した。するととつぜん、外から「パイプ管登るか！」という声が聞こえてきたので、男性は不思議に思って窓の外を見た。すると異様に手足の長い怪人が、超スピードで寮の壁についているパイプ管を登っていたという。怪人はパイプの頂上まで着くと消えて、ふたたび地上にあらわれてパイプを登ることを10回ほどくり返していたそうだ。怪人が高いところを登りたがる理由はわかっていない。

調査レポート

怪人は男性に見られていることに気づいていたようで、登るのにあきると男性のほうを見つめて「また来るから見にこいよ！」と言って消えたという。元気があり、気のいい性格のようだ。

登りたがりの怪人

データ

	危険度	★★★	場所	高い場所
	国・地域	日本	時代	現代
怪人	特徴			時速80kmで高いところを登る。頂上で消えて地面にもどり、あきるまで続ける。

背なし

通行人に決して背中を見せない怪人

とある横断歩道のそばに毎日あらわれる、中年男性のすがたをした怪人。後ろすがたをまだだれも見たことがないため、「背なし」とよばれている。怪人は、だれかに見られている間はじっと動かないという。

とある男性は、背なしの背中を見たいと思った。そこで背なしを見ながら車をゆっくり走らせて彼の後ろにまわりこみ、背中を見た。すると背なしの背中は、ふつうの人間と同じ背中だった。男性は満足して前を向こうとしたら、いつの間にか背なしが助手席に座っていて、自分をにらんでいたという。おどろいた男性は衝突事故を起こしたが、助かった。助手席にいた背なしは、いつの間にか消えていたそうだ。

調査レポート

警察は目撃者の男性の話を聞いたあと「今回は連れていかれなかったか」とつぶやいたという。背なしの背中を見たものは、背なしにあの世へ連れていかれてしまうという意味なのだろうか。

データ

危険度	★★★	場所	道路
国・地域	日本	時代	現代
怪人		特徴	

通行人に背中を見せない。もしむりに見ようとすると、あの世へ連れていかれる？

179

180

タオヤジ

田んぼの中にかくれている山の主

　山にまつわる都市伝説。山の棚田（山の斜面に作られた田んぼのこと）には、古くから「タオヤジ」とよばれる山の主が住んでいるという。タオヤジは巨大なカエルのすがたに似た、妖怪の一種だとされる。

　あるとき、子どもが棚田で遊んでいたら、田んぼの中で動いているタオヤジを目撃した。タオヤジは田んぼをスーッと泳いで、道にいたアオダイショウ（ヘビの一種）に近づき、あっという間に田んぼの中へ引きずりこんだ。そして、アオダイショウをまるっとひと飲みで食べたあと、どろの中に音もなく沈んでいったそうだ。タオヤジを目撃しても静かに見守っていれば、人間に危害を加えるわけではなさそうだ。

データ

危険度	★★★	場所	山
国・地域	日本	時代	現代
怪物		特徴	昔から山の田んぼに住んでいるという山の主。アオダイショウを好物としている。

宇宙パワーおじさん

電話番号にまつわる都市伝説。06-3090-XXXという番号に電話をかけると「宇宙パワーおじさん」という謎の人物につながり「宇宙のパワー」を送ってくれるという。電話をかけると日本語で「ただ今より宇宙のパワーを送ります。あまり考えずにそのままの心で受けなさい」というおじさんの声が聞こえる。その後「あああああ〜〜〜！」と絶叫が1分ほど続き「終わりました」という声のあと、電話が切れる。

この番号がいつから噂になったかは不明だが、今も電話はつながる。宇宙パワーおじさんとは何者なのか、絶叫にこめられた宇宙のパワーとはどんな力をもつのか。すべてが謎に包まれている。

調査レポート

電話番号にまつわる都市伝説は他にもある。かけると自分の声が返ってくるドッペルゲンガーの番号や、お経が聞こえてくる番号など。いつからこれらの番号が生まれたかは、よくわかっていない。

データ

怪人	危険度 ★★★	場所	宇宙？
	国・地域 不明	時代	現代
	特徴	電話をすると宇宙のおじさんにつながり、絶叫とともに宇宙のパワーをさずけてくれる。	

データ

危険度	★★★	場所 どこでも
国・地域	アメリカ	時代 現代
特徴		血液を集められるという、蚊型の小型ドローン。アメリカで開発中という噂がある。

怪物

蚊型ドローン

蚊の形をした
ドローンが実在する!?

インターネットで噂になった「蚊型ドローン」にまつわる都市伝説。

噂によると、アメリカで軍事用に開発されたという蚊型のドローンの画像がインターネット上に出まわった。このドローンには極小のカメラがついており、飛んでいって人間の皮ふの血を蚊のように吸って、持ち帰ることができる。血を吸うことができるので、毒物を血管内に入れることも可能だとも噂された。

じつは蚊型ドローンの画像は、空想上の製品として作られたうその画像であることがわかっている。インターネット上で事実であるかのように広まった噂だが、開発技術が進めば、昆虫型ドローンが本当に開発されてしまうかもしれない。

調査レポート

もし蚊型ドローンが本当に開発されたら、本物の蚊と区別をつけることは難しいだろう。蚊型ドローンにさされたら、人知れず人間の血液が集められてしまい、悪用されてしまう可能性もある。

病の流行をおさえる
予言する妖怪

アマビエ

　江戸時代に熊本県で目撃された、予言する妖怪。長い髪とひし形の目、とがったくちばしが特徴で、体中がうろこでおおわれている。魚の尾びれのような3本の足がある。目撃者によると、ある夜、海で光るものが出現したという。それは自分から「私はアマビエである」と名乗り、「これから豊作になる」「病気がはやったら私のすがたを写して人々に見せなさい」などの予言を伝えて、海にもどったそうだ。その後、この事件について瓦版（昔の新聞のようなもの）が作られたが、たった1枚しか存在せず、当時から有名な妖怪だったかは不明だ。

　アマビエは2020年、世界中で新型コロナウイルスが流行したときに注目された。病気の流行がおさまるようにと、たくさんの人がアマビエの絵を描き、ネットなどで広まった。

データ

怪物

危険度	★★★	場所	熊本県の海
国・地域	日本	時代	江戸時代
特徴	海の中からあらわれて、病気の流行の予言と、それを防ぐ方法を教えてくれる妖怪。		

『アマビエ』

予言獣とは何か?

　アマビエのような予言をする妖怪たちは「予言獣」とよばれる。病気の流行などを予言する、想像上の獣である。おそろしい未来を予言することから不運の前兆だともいわれるが、予言獣たちは病気などの悪い未来であればそれを防ぐ方法を言い残してもくれる。

　アマビエが言い残したように、自身の絵を飾れという対策が多いようだ。なぜ絵を飾ることで防げるのかは不明だが、昔は病気や災害の原因は悪神や妖怪の仕業だと信じられていたため、天敵となる妖怪の絵で防げると考えられていたのかもしれない。

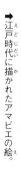

➡江戸時代に描かれたアマビエの絵。

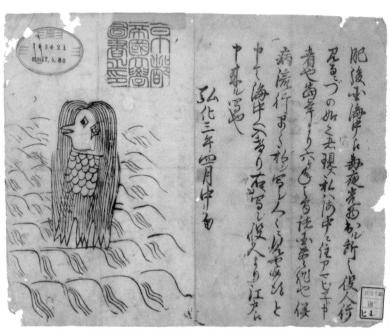

『肥後国海中の怪(アマビエの図)』(京都大学附属図書館所蔵)

さまざまな予言獣たち

アマビエ以外にも、予言をする妖怪は古くから目撃情報が伝わっている。いずれも病気や災害を予言し、その対策を教えてくれるようだ。

天彦

海からあらわれて、病気の流行などを教えてくれるという予言獣。アマビエと同じく、熊本県に伝わる。「海彦」「尼彦」などと書かれる場合もあり、そもそもアマビエはこのアマビコという妖怪の名前を写しまちがえて伝わったものとする説がある。

神社姫

佐賀県に伝わる予言獣。約6mもある巨大な妖怪で、人の顔、長い髪と2本のツノをもつ。江戸時代に佐賀県の海岸にあらわれた神社姫は、コレラという流行病が起きると予言したという。神社姫も自らのすがたを写し、見ると病が防げると言い残している。

件

頭が人、体が牛という予言獣。件は生まれてから1週間しか生きられないが、その短い間に病気の流行や災害について予言をする。江戸時代頃から目撃情報が存在し、昭和時代には兵庫県の芦屋に件があらわれたという。この件は、「日本は第二次世界大戦に負ける」という予言をして的中したという報告がある。

→件の絵。

徳川林政史研究所所蔵

ハエ男

中年男性の顔をしたしゃべるハエの怪物

　日本で目撃された、ハエの体に40代の中年男性の顔がついた怪物。人間の言葉をしゃべれるという。人に危害を加える怪物ではないようだ。

　あるとき、少女が学校の部活帰りに公園を歩いていたら、落ちていた犬のフンをふみそうになった。そこで少女は、公園のそばにある市役所のような場所でほうきを借りて、フ

ンを片づけはじめた。すると、ハエ男がどこからか飛んできて「えらいな」と少女に話しかけたあと、びゅんと飛んでいったという。

　1980年代〜1990年代にかけて、人面犬や人面魚など、人の顔がついた怪物を目撃したという都市伝説があった。ハエ男も、それらの怪物と近い仲間なのかもしれない。

調査レポート

少女が目撃したハエ男の正体は不明で、謎が多く残されている。極秘実験の失敗により中年男性とハエが合体してしまったのか、もともと生物として存在していたのか。続報に期待したい。

データ

危険度	★★★	場所	公園
国・地域	日本	時代	現代

怪物

特徴 ハエの体に40代の顔をもつ。言葉を話せて、正しいことをしている人間をほめる。

この都市伝説は、2003年にインターネットに書きこまれて広まった。もくもくさんが事故を起こしているのではなく、事故が起きないように注意するためにあらわれているという説もある。

データ

怪物	**危険度** ★★★	**場所**	トンネル
	国・地域 日本	**時代**	現代
	特徴	目には見えず、反発力の高いマットレスのようにやわらかい体で工事道具を包みこむ。	

もくもくさん

トンネル工事中にあらわれる怪物

　トンネルの突貫工事（スピードを優先しておこなう工事）のときに発生する怪物の都市伝説。

　この怪物は、目に見えないが、反発力の高いマットレスのようにやわらかい体をしているため「もくもくさん」とよばれている。もくもくさんがトンネル工事中にあらわれると、とつぜんドリルの刃がにぶく

なったり、ダイナマイトの爆発が弱まったりするという。その状態で無理に工事を進めようとすると、決まって事故が起きて、けが人や死人が出てしまうといわれている。

　そのため、工事関係者の間では、もくもくさんがあらわれたときは、いったん作業を中止するようにしているという。

調査レポート

いなくなった人が、数十年後にもどってくる事件は日本にもある。江戸時代、市兵衛という男がトイレで消えた。20年後、同じトイレから20年前と同じすがたの市兵衛がもどってきたという。

194

消えた航空機

白骨化してもどってきた乗客

ブラジルで起きた不思議な現象の都市伝説。1989年に、ブラジルのある空港に、とつぜん見知らぬ飛行機が着陸した。空港のスタッフがその飛行機の中に入ると、座席には、白骨になった乗客の死体がならんでいたのだ。パイロットは無事かと思いきや、なんとパイロットも白骨化していたのである。

のちの調査によると、この飛行機の正体は1954年に西ドイツ（現在のドイツ）に向けて飛んだ飛行機だということがわかった。当時、この飛行機はゆくえ不明となっていた。海に落ちたと考えられていたが、35年たってもどってきたのである。飛行機は異次元にとりこまれていたのではないかといわれている。

高速ミサイルに乗った
女子高生の怪人

　高速道路で目撃されている怪人の都市伝説。女子高生の格好をした怪人で、ミサイルにまたがった状態で高速道路にあらわれるという。走っている自動車を猛スピードで追いぬいていき、ときには、自動車を追いかけてくることもあるらしい。

　高速道路では、ミサイル女子高生のようにとつぜんあらわれて超高速で走る怪異がたびたび目撃されている。背中に「ターボ」と書かれた紙が貼ってあり、四つんばいで自動車と同じスピードで走る「ターボババア」や、時速100キロで走る車と同じ速度で、自転車に乗って走る「100キロおじさん」などである。ミサイル女子高生も、このようなタイプの怪異の一種だといわれている。

ミサイル女子高生

データ

	危険度 ★★★	場所	高速道路
	国・地域 日本	時代	現代
怪人	特徴	ミサイルにまたがった女子高生の怪人。高速道路に出現し、猛スピードで飛んでいく。	

196

調査レポート

よく似た都市伝説に「黒い自転車の少女」というものがある。バイクに乗って時速80キロほどで高速道路を走っていた人が、自分と同じ速さで自転車をこぐ少女に追いかけられるという噂である。

データ

危険度	★★★
国・地域	日本
怪物	

場所	海沿いの町
時代	現代

特徴 海で死んだ人に化けて、家に入ろうとする怪物。変身を解くと体が溶けて水になる。

水死体をまねる怪物

玄関は、家の内側と外側をへだてる境界であり、異界からの魔物をふせぐ結界の役割があるという。怪物が玄関にいたのは、家の人に招かれないと、家の内側に入ることができなかったためだろう。

水死体に化けて家に上がろうとする怪物

海からやってくる怪物の都市伝説。この怪物は、海で死んだ人間のすがたに変身して家に入ろうとする。もとのすがたは不明だが、変身を解くと水になり、着ていた服が残るという。怪物に家に入られるとどうなるのかはわかっていない。

四国のとある海沿いの町で、海の事故で家族を失った人のもとに、この怪物があらわれたという噂がある。あるとき、おばあさんが、家の玄関の前でぼんやりとしている死んだはずの家族を見つけた。おばあさんはその人を怪物だと見ぬき、家に上がらせなかった。すると、おばあさんの前で怪物がみるみる溶け出し、地面には水たまりと洋服が残ったそうだ。

データ

	危険度 ★★★	場所 不明
	国・地域 不明	時代 現代

| 現象 | 特徴 | 6つの童話の絵が描かれたカルタで、この世の悪が封じられており、持ち主に取りつく。 |

メルヘンカルタ

悪が封じられた悪夢のカルタ

呪術師が、この世の悪を封じこめたというおそろしいカルタ。カルタに描かれているのは『ピノキオ』、『白雪姫』、『人魚姫』、『不思議の国のアリス』、『赤ずきん』、『ヘンゼルとグレーテル』という有名な6つの童話の絵だ。いずれも19世紀のヨーロッパで発表された物語だ。このカルタは、悪い心を持った人に取りつく。取りつかれた持ち主は「6つの体になり、体以外のすべてを支配する」というが、この言葉の意味はよくわかっていない。体の自由をうばわれる代わりに強大な力を得るのかもしれない。

インターネット上で広まった都市伝説だが、これ以上の情報は記されていない。そのため、この伝説がいつ生まれたのか、取りつかれた人物が最後にはどうなってしまうかなど、多くの疑問が不明のままである。

『メルヘンカルタ』

メルヘンカルタに描かれた童話の内容

　メルヘンカルタに選ばれた６つの童話をくわしく見てみよう。『ピノキオ』は、あやつり人形が冒険の末に人間になる話。『白雪姫』は、まま母から毒リンゴで殺されそうになる姫の話。『人魚姫』は、王子に恋して足を得る代わりに声を失った人魚の話。『不思議

の国のアリス』は、穴に落ちた少女が不思議なできごとを体験する話。『赤ずきん』は、少女がおばあさんに化けたオオカミに食べられる話。『ヘンゼルとグレーテル』は、すてられた兄と妹がお菓子の家に住む魔女からにげる話。いずれも子どもに人気の作品ばかりだ。

Kinder- und Haus-Märchen

Erster Theil.

🔺19世紀に描かれたグリム童話の表紙。

7つの大罪とは?

　カルタに封じこめられている悪の正体は「7つの大罪」の悪魔ではないかとする説がある。「7つの大罪」というのは、キリスト教において、人を苦しめるとされる7つの欲望のことだ。

　例えば『白雪姫』は、まま母が白雪姫をねたんで殺そうとするた

め「嫉妬」という欲望の悪魔。『ピノキオ』はなまけて遊んでばかりいるので「怠惰」という欲望の悪魔がふうじこめられているのではないか、と指摘されている。その場合、7つの欲望のうちひとつが残るが、それは何を意味するのだろうか。真相は謎のままだ。

→7つの大罪を描いた古い絵。

じつはこわい童話の世界

　カルタに描かれた『白雪姫』や『赤ずきん』、『ヘンゼルとグレーテル』が収められたグリム童話は、グリム兄弟がドイツに古くから伝

わる民話を集めた童話集だ。もとは子ども向けではなく、ざんこくな内容も多い、邪悪な要素をふくんでいる物語だったそうだ。

調査レポート

巨大な人型に見える「フライング・
ヒューマノイド」をはじめ、空に
浮かぶ未確認飛行物体は、世界各
地で目撃されている。卍クラゲも
地球外から来た謎の物体か、未知
の生物なのだろうか。

データ

危険度	★★★	場所	夜空
国・地域	日本	時代	現代

現象　特徴　卍型で、クラゲのように白く発光している謎
の物体。夜空をゆっくり移動していく。

卍クラゲ

卍型をしたクラゲのような飛行物体

夜空を音もなく飛ぶ謎の物体にまつわる都市伝説。物体は卍型をしていて、クラゲのようにとうめいで白く発光していることから「卍クラゲ」とよばれる。車輪のように回転しながら少しずつ夜空を移動する。これを見た者は、なぜか不安な気持ちにかられるといわれている。

噂によると、最初に卍クラゲが目撃されたのは2015年ごろ。洗たくものを干していた母親と小学2年生の息子が、夜空にうかぶ卍クラゲを見つけたという。卍クラゲは、向かいの家の屋根の上から少しずつ移動していた。母親はなぜか「あれに見つかってはならない」と本能的に感じてすぐ部屋ににげたという。卍クラゲの正体は今もわかっていない。

データ			
	危険度	★★★	場所	川辺の砂地
	国・地域	日本	時代	現代
怪物	特徴	谷川の砂地にひそむ。人間が来たら足を引っぱり、砂の中に引きずりこもうとする。		

砂人間

砂の中に人間を引きこもうとする砂人間

　とある谷川の砂地にあらわれ、人の足を引っぱる砂人間。文字通り、砂でできた人型の怪人で、ふだんは砂の奥にかくれているため、全身のサイズは不明だ。砂人間が人間を砂に引きずりこんだあと、どうするのかはわかっていない。

　目撃情報によれば、ある男性が谷川の河原の砂地を歩いていたら、とつぜん片足が砂にめりこみ、どうやってもぬけなくなってしまった。男性は友人に助けてもらって力いっぱい足を引っぱった。すると足とともに、砂人間が上半身だけ砂の中から引きずり出されたという。砂人間は男性の足を手でしっかりつかんでいたが、地上に出たとたん、すぐにくずれて砂の山に変わったという。

調査レポート

アリジゴクはワナをはってえもの
を砂の中に引きずりこみ、えさに
する。砂人間も同様に、食べるた
めに人間を砂に引きずりこもうと
しているのだろうか。砂地を歩く
ときは用心したほうがいい。

リモコン鉢

ばち

僧侶が自由自在にあやつる鉢

そうりょ じ ゆう じ ざい はち

　修行僧が鉢（僧侶がほどこしを受けるときに使う器）を飛ばして、自由自在に動かしたという伝説がある。リモコンとは「リモートコントロール（遠隔操作）」の略だ。

　平安時代に、信濃国（現在の長野県）に命蓮という僧侶がいた。彼は山の中のお堂に住んでいたが、里に鉢を飛ばしてほどこしを受けていた。

　ある日、鉢が町の長者（金持ち）の倉の中に入ったまま戸が閉まった。すると、鉢は倉ごと持ち上げて命蓮のもとにもどったという。長者があわてて命蓮のところへ行き、倉の中にある米俵を返すようたのむと、命蓮は鉢を飛ばした。すると鉢の後ろにたくさんの米俵がついていくように飛び、長者の家までもどったという。

データ		
危険度 ★★★	場所 山など	
国・地域 日本・長野県	時代 平安時代	

現象　特徴　僧侶が鉢を飛ばして自由自在にあやつること。平安時代の命蓮などが使っていた能力。

遠方透視

遠くにあるものが見える超能力

遠方透視とは、見えるはずのない遠くにあるものを見ること。「千里眼」ともよばれる超能力の一種だ。

江戸時代、江戸から長崎にやって来て仕事をしていた男がいた。男は江戸が恋しいあまり、体調をくずしてしまった。男が医者のもとへ行くと、水が入った容器に顔をつけろという。男が顔をつけて水中で目を開けると、江戸にいるはずの母親が縫い物をしているすがたが見えたという。

その後、男は回復して江戸に帰った。すると母親は男が医者に行ったのと同じ日に、男の顔が浮かぶのが見えたと言った。男は母親の幻を見たのではなく、遠方透視をして江戸にいる母親のすがたを本当に見ていたのである。

データ

	危険度 ★★★	場所 家など
	国・地域 日本	時代 江戸時代〜現代
現象	特徴	水中に顔をつけると遠くにくらす家族が見えるなど、遠くにあるものが見える超能力。

調査レポート

遠方透視の能力者は、昔から世界各地にいる。18世紀に活躍したスウェーデンボリという人物も遠方透視の能力者として有名で、500kmもはなれた場所で起きた火事を透視したという。

データ

危険度 ★★★	場所 山
国・地域 日本	時代 現代
現象	特徴 山寺に向かう石でできた階段。だれもふまない一段をふんでしまうと神かくしにあう。

ふまずの石段

ふんでしまうと神かくしにあう石段

　歴史のある山寺に向かう階段にまつわる都市伝説。昔、ある村から山寺に向かう道に、長い石でできた階段があった。この石段にはたったひとつだけ、だれもふまない石段があるという。ふまれないのでその石段だけびっしりとコケでおおわれており、初めて階段をのぼる人でも分かるくらい目立つという。

　この石段には言い伝えがあった。もしあやまってふんでしまうと神かくしにあってしまうのだ。もし数人で階段をのぼっているときに1人がふんでしまった場合は、その人だけすきとおるように消えていくという。インターネットを通じて広まった噂だが、その村や山寺、階段がどこにあるのかはわかっていない。

調査レポート

日本家屋の門の境目にある敷居や、たたみの縁もふんではいけないものとして有名だ。これらは内と外とを区切る境界であり、結界だという。ふまずの階段も異世界との境界なのかもしれない。

213

狸の壁

狸が化けた、やわらかい巨大な壁

　山の中で、狸が壁に化けて道をふさぐという都市伝説。

　あるときおじいさんが、山の畑に行こうとしたら、とつぜん大きな壁があらわれて道をふさいだ。その壁は左右にも延々と続いていたという。だが、壁にさわるとふわふわした動物の毛並みのようにやわらかく、温かった。そこでおじいさんは、狸のしわざだと見やぶり、昼飯のおにぎりを出して、「コレやるから消えてくれ」と言って壁に投げた。すると、大きな壁はふわりと消えてしまったという。

　狸がいたずらで大きな壁に化けていたようだ。人間を困らせようとしただけで、危害を加えるつもりはないようだ。

調査レポート

　西日本では、狸やアナグマが山道で壁のようなものに変身したり、視界をさえぎったりして人間の行く手をはばむ話が多い。また、道を通せんぼする「ぬりかべ」という妖怪も知られている。

データ

怪物	危険度 ★★★	場所	山
	国・地域 日本	時代	現代
	特徴		

山道で大きな壁となって人間の行く手をさえ
ぎろうとする、狸のいたずら。

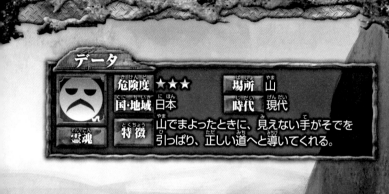

祖母のそで引き

そでを引っぱり正しい道を教えてくれる

　山でまよったとき、見えない手が助けてくれたという都市伝説。

　噂によると、ある男子高校生が山で道にまよい、父親とはぐれてしまった。霧がこくなって道がわからなくなり、あちこち歩きまわっていたら、だれかにそでをクッと引っぱられた。彼はそでを引っぱられたほうを見たが、だれもおらず、不思議に思いながらもその方向に進んだ。すると、父親と合流できたそうだ。

　彼が小さいころ、あぶないことをしようとすると、祖母がそでをクッと引っぱって止めてくれたという。そのことを思い出した彼は、きっと亡くなった祖母が山でそでを引っぱって、道を教えてくれたにちがいないと思ったという。

危険度	★★★	場所	幼稚園
国・地域	日本	時代	現代

怪人　特徴　幼稚園児のすがたをしている。傷などを元どおりにする魔法の絆創膏をもつ。

調査レポート

ヤーヤが元気になったあと、目撃者はミヤちゃんにお礼を言おうとした。だが幼稚園にミヤちゃんという子はおらず、絆創膏をもらったとき以外、彼女を見たことがなかったことに気がついた。

ミヤちゃんの絆創膏

謎の少女がくれた魔法の絆創膏

　幼稚園にあらわれた女の子がくれた魔法の絆創膏にまつわる都市伝説。目撃者が幼稚園のころ、転んで泣いていたらミヤちゃんという女の子がやってきて、5枚の絆創膏をくれた。不思議なことに、その絆創膏を傷にはったら、傷はすぐに消えたという。さらにそれだけでなく、この絆創膏をはると、ひびが入った茶わんも、こわれたアヒルのおもちゃも元どおりになった。

　あるとき、飼い猫のヤーヤが車にひかれて大けがをしたので、目撃者は絆創膏をヤーヤにはった。するとヤーヤの傷は消えて元気になったという。のちに目撃者は、ヤーヤを生んですぐに死んだ母猫がミヤという名前だったことを思い出した。目撃者に不思議な絆創膏をくれたミヤちゃんの正体は母猫ミヤだったのかもしれない。

都市伝説リスト（50音順）

イラストレータークレジット
（50音順）

合間太郎
- タオヤジ…180
- アガリビト…120
- リンフォン…86

海野シュウスケ
- 砂人間…206
- 蚊型ドローン…184
- 徳川埋蔵金…94
- ハロウィンの怪人…88
- エル・シルボン…174
- 便鬼…42

あおひと
- 背なし…178
- 単眼オヤジ…160
- ミヤちゃんの絆創膏…218
- 霊界バス…100
- ふますの石段…212
- 切り裂きジャック…18

怪人ふくふく
- 山盛り飯…102
- リモコン鉢…208
- にやりにやり…144

icula
- ダッガコドン…146
- 卍クラゲ…204
- ぶながや…30
- かごめかごめ…162
- メルヘンカルタ…200

金子大輝
- 宇宙パワーおじさん…182

池田正輝
- 下北沢ののっぺらぼう…130

かめいちう
- 宙に浮かぶ鳥居…106
- ゾンビロード…60

石丸純
- ミツバチの警告…56

キェーキ
- ヒトクチ…52
- 阿修羅クイーン…38
- 骨抜き…80

市川友章
- リモコンかくし…138
- 猫忍者…32
- 貝頭…126

古賀マサヲ
- でどでんこめんさん…154
- 遊園地の男の子…140
- 遠方透視…210

空蝉らり
- 光る小人…92
- もくもくさん…192
- 9−1面…114
- 幽霊だけど何か質問ある？…28
- 非常口の怪人…48

こしあん
- やなりが通る…40
- アマビエ…186